LES ÉTAPES D'UN TOURISTE
en France

DE MARSEILLE A MENTON

PAR

JULES ADENIS

ILLUSTRÉ DE 33 GRAVURES, DONT 20 HORS TEXTE
DE 2 VUES PANORAMIQUES
ET DE 2 CARTES DU LITTORAL MÉDITERRANÉEN

PARIS
A. HENNUYER, IMPRIMEUR-ÉDITEUR
47, RUE LAFFITTE, 47
—
Droits de reproduction et de traduction réservés.

DE MARSEILLE A MENTON

VOLUMES PARUS DANS LA COLLECTION

Paris, promenades dans les vingt arrondissements, par M. Alexis Martin. Un fort volume in-16 de plus de 500 pages, avec 44 gravures hors texte et 21 plans coloriés.

Tout autour de Paris, promenades et excursions dans le département de la Seine, par M. Alexis Martin. Un volume in-16 de xxiv-817 pages, illustré de 20 dessins hors texte, de 2 vues panoramiques et de 5 cartes et plans coloriés.

Promenades et Excursions dans les environs de Paris, *Région de l'Ouest*, par M. Alexis Martin. Un volume in-16 d'environ 450 pages, illustré de gravures hors texte, cartes et plans coloriés.

Le Pays d'Arles, par M. Fernand Beissier. Un volume in-16, avec illustrations et carte.

Belle-Isle-en-Mer, par M. Léon Trebuchet. Un volume in-16 avec illustrations et carte.

La Baie de Cancale, par M. Léon Trebuchet. Un volume in-16, avec illustrations.

La Corse, par M. A. Andréi. Un volume in-16, illustré de 30 gravures et une carte.

LES

ÉTAPES D'UN TOURISTE EN FRANCE

DE MARSEILLE A MENTON

PAR

JULES ADENIS

ILLUSTRÉ DE 33 GRAVURES, DONT 20 HORS TEXTE
DE 2 VUES PANORAMIQUES
ET DE 2 CARTES DU LITTORAL MÉDITERRANÉEN

PARIS

A. HENNUYER, IMPRIMEUR-ÉDITEUR

47, RUE LAFFITTE, 47

1892

Droits de traduction et de reproduction réservés.

DE MARSEILLE A MENTON

CHAPITRE I.

PREMIÈRES IMPRESSIONS.

Vous autres, gens du Nord..., est la locution familière dont se servent les Provençaux quand ils s'adressent à *nous autres*, Parisiens. La première fois que je me suis entendu appeler homme du Nord, je me suis regardé des pieds à la tête, pour bien m'assurer que je n'étais pas chaussé de grandes bottes en peau de morse, et coiffé d'un bonnet de fourrure. Mais non, rien, dans mon costume, ne décelait un habitant de la baie de Baffin. J'étais vêtu comme mon interlocuteur, et il était vêtu comme moi. J'imagine donc que, dans cette expression consacrée, il entre un peu de malice. L'autochtone du Midi est fier de son soleil, dont il nous sait très friands, et il ne veut pas manquer l'occasion de nous faire sentir la distance qui nous en sépare. Quant à l'expression *officielle* pour désigner les touristes de toutes nationalités, c'est *la colonie étrangère*. S'il doit y avoir, dans un casino des bords de la Méditerranée, quelque bal, concert ou représentation dramatique, les commissaires dressent la liste des invitations destinées « à ces messieurs et à ces dames de la colonie étrangère », qui sont reçus, je dois le dire, avec le plus grand empressement et la courtoisie la plus parfaite. Les personnes qui possèdent un château, une villa, une propriété dans le pays, mais qui n'y résident pas toute l'année, sont considérées comme faisant partie de la colonie étrangère. Ces propriétaires ont le droit de s'épanouir au beau soleil du Midi — qui luit pour tout le monde — mais il ne leur appartient pas ! Maintenant, si l'on me demande pourquoi j'entre dans ces détails, je répondrai que c'est pour donner, dès le principe, la note de ce livre. Certes, je suivrai, géographiquement, toutes les étapes annoncées, mais je préviens l'aimable lecteur qui voudra bien m'accompagner que, chemin faisant, j'entends faire un peu l'école buissonnière. Je me propose de l'emmener, dans l'Estérel, à quelque battue aux sangliers, à quelque partie de pêche sur les golfes du littoral, à la représentation de quelque mystère ou *pastorale*, à un pèlerinage de tradition, à une *bravade* de quelque fête patronale, car ce n'est pas une nomenclature que je me propose d'écrire, mais les impressions que la Provence doit faire éprouver.

Ce fut un 20 janvier que j'ai entrepris mon premier voyage au pays du soleil. Il y avait encombrement à la gare ce soir-là, car le surlendemain devaient avoir lieu les courses de Nice. De sorte qu'un seul train ne suffisant pas pour loger cette foule, on dut en faire deux : le premier partant à l'heure réglementaire, et le second vingt minutes après. Ce premier voyage fut agréable en ceci que j'avais pour voisin de compartiment un ingénieur des ponts et chaussées à qui la route était familière, et qui m'indiqua successivement toutes les curiosités du parcours. De Lyon à Valence, il me fit suivre le cours du Rhône ; à Vienne (Dauphiné), il me montra les montagnes de l'Ardèche ; à Orange, le sommet des Alpes.

— Et tenez, me dit-il, c'est ici que finit le nord et que commence le midi. A Orange, on passe la ligne ! Chaque fois que je quitte Paris avec la pluie, je suis sûr qu'elle cessera à Orange pour faire place au soleil ; et quand je quitte Marseille avec un ciel d'azur, pour retourner à Paris, c'est ici que je vois reparaître la pluie.

Eh bien, je dois l'avouer, « car ceci est un livre de bonne foy », cette belle Provence, si vantée, si chantée, ne m'a pas fait une heureuse impression au début. Les yeux ne rencontrent, dans cette aride campagne à la terre rougeâtre, que des oliviers chétifs, rabougris, et dont le feuillage n'est ni vert, ni bleu, ni blanc, ni gris, mais d'une couleur anomale et plombée ; de petites bastides, peintes en gris pour la plupart, aux toits plats, aux fenêtres étroites, sont toutes entourées d'un petit jardin planté de cyprès. Cette essence d'arbres est significative pour un homme du Nord ; aussi lui semble-t-il, à la vue de ce riant paysage (frappez, ô cigaliers et félibres), qu'il traverse un interminable Père-Lachaise ! Tel est le sentiment de gaieté que la première vue de la Provence fait éprouver. Et cette impression ne m'est pas personnelle : « Cette campagne littorale est toujours un peu triste d'aspect, » écrit

M. Charles Lenthéric dans son ouvrage, brillant d'érudition et de style, intitulé : *La Provence maritime, ancienne et moderne*. Hâtons-nous d'ajouter (ne frappez plus, ô félibres et cigaliers) que l'on ne tarde pas à trouver de jolies compensations. Pour notre part (train rapide n° 7), nous avons eu le soleil, d'abord, qui, à huit heures du matin, a dépassé, radieux, le sommet des montagnes, dans une apothéose d'or, et nous a réchauffés de ses rayons, puis, à l'Estaque, la vue du golfe qui précède l'arrivée à Marseille. Une mer bleue, diaphane, unie comme un lac, encadrée dans des mamelons couverts d'une forêt de sapins... coup d'œil splendide ! Enfin, j'ai constaté, par la suite, que ce même olivier — cet arbre caractéristique de la Provence — que nous avons vu si chétif aux environs d'Arles, devient d'une exubérante vitalité et d'une beauté réelle au fur et à mesure que l'on se rapproche de la frontière italienne. A partir de Cannes, la pâleur de son feuillage disparaît ; il se colore du plus beau vert et il atteint les dimensions qui le font admirer dans l'Asie Mineure, son pays d'origine. A Beaulieu, près de Menton, on peut voir un de ces géants qui mesure une circonférence de 7 mètres et demi, à la hauteur de 1 mètre du sol.

Disons aussi que, déjà à partir de Toulon, le cyprès a presque disparu. Les deux haies qui bordent la voie sont formées de rosiers de Bengale qui fleurissent presque toute l'année et charment le voyageur par leurs couleurs et leurs parfums. Là, de plus, l'olivier a pour associés dans les campagnes et pour voisins dans les forêts : le pin d'Alep, le pin parasol, le chêne vert, le chêne-liège, le platane, le mûrier, le laurier d'Apollon et l'eucalyptus. Oui, l'eucalyptus, dont la sylviculture moderne vient de s'enrichir, l'arbre fébrifuge par excellence, et dont nous nous réservons de parler en détail quand nous le rencontrerons, à chaque pas, à Saint-Raphaël, dont le sol semble lui plaire, et où il atteint son plus grand développement.

Mais nous en sommes encore bien loin, car nous venons de quitter seulement la station d'Avignon, où j'ai pu distinguer la façade de l'ancien palais des papes qui domine la ville. Le train file avec une rapidité de 60 kilomètres à l'heure, et, mon voisin et moi, nous causons.

— Dans combien de temps pourrons-nous voir la mer ?

— Dans une heure et demie environ, peut-être bien deux heures.

Et, disant cela, mon obligeant cicerone ébauche un sourire.

— De quoi riez-vous ? De l'impatience que j'éprouve à contempler les flots bleus de la Méditerranée ?

— Non, ce n'est pas cela. Je me disais, en moi-même, que vous alliez probablement commettre la même erreur que tous les touristes qui, pour la première fois, font le trajet de Paris à Marseille. Quand nous serons arrivés à Saint-Chamas, vous vous écrierez avec joie : La mer !

— Eh bien ?

— Eh bien, non, ce ne sera pas encore la mer, mais l'étang de Berre, tout simplement, qui n'est séparé de la Méditerranée que par la lagune de Caronte ; et même, depuis dix ans, je ne passe pas une seule fois ici sans déplorer qu'on ne se décide pas à creuser, au milieu de cette étroite lagune, un canal qui relierait la mer à cet étang. Il a plus de 20 000 hectares de superficie, et une profondeur de 9 à 10 mètres ! Vous voyez quel admirable port ce serait pour la marine marchande et même pour une flotte de guerre, car elle serait là, non seulement hors de l'atteinte, mais encore hors de la vue de l'ennemi, étant protégée, du côté de la haute mer, par la chaîne de montagnes de l'Estaque.

— Ah ! ah ! voilà l'ingénieur qui reparaît ! Mais, rassurez-vous, une idée juste trouve, tôt ou tard, son Christophe Colomb, et un jour viendra où vous verrez votre désir se réaliser.

— Je l'espère, dans l'intérêt du pays.

— Mais, maintenant que nous approchons de la grande cité phocéenne, seriez-vous assez aimable pour me donner une idée des usages et du caractère de ses habitants ? Marseille est une cité des plus animées, m'a-t-on dit, et la vivacité des Marseillais est proverbiale.

— Leur vivacité est plutôt dans leur imagination, leurs paroles et leur expansion, que dans leur démarche qui est calme et souvent même dolente. Vous ne verrez pas, dans les rues et sur les promenades, ces passants agités, cette foule affairée que nous coudoyons à Paris ou à Bruxelles. Mais si, comme c'est probable, vous entrez vous reposer dans quelque café, le *Café turc*, par exemple...

— Pourquoi celui-là plutôt qu'un autre ?

— Parce qu'il est situé sur la Cannebière et que tous les étrangers vont voir son original plafond, qui est formé de glaces étamées.

— Un plafond en glaces étamées ? Cette innovation est originale, en effet.

— Et très désagréable. Pour ma part, je ne puis le regarder étant debout, sans être pris de vertige. Aussi faut-il commencer par s'asseoir, avant de lever la tête pour le contempler. Mais, pour en revenir à ce que je vous disais, vous ne serez pas plutôt installé que, si vous avez pour voisin de table un bon, un vrai Marseillais, il entamera aussitôt la conversation avec vous. Soyez sûr qu'au bout de cinq minutes il vous aura demandé vos nom et prénoms, votre profession, votre âge, celui de votre femme, le nombre de vos enfants... ; par réciprocité, il est vrai qu'il vous aura déjà fait connaître son état civil et celui de toute sa famille.

— Je ne vois pas grand mal à cela. Et l'accent, le fameux *assent?*

— Les classes aristocratiques, ou même simplement aisées, n'ont plus le moindre accent. Il ne s'est conservé que dans les basses classes du vieux Marseille, où l'on parle encore le patois. Mais, par exemple, vous le retrouverez dans le Var et dans les Alpes-Maritimes, et, là, dans toutes les classes de la société indigène.

— Et quelles sont les curiosités que vous m'engagez à voir ?

— Vous commencerez par le palais de Longchamp, qui, selon moi, est une des merveilles du monde. A l'heure qu'il est, je n'ai pas encore oublié le sentiment d'admiration que j'ai éprouvé à sa vue. Au centre de ce palais est le château d'eau, dont la chute est de 20 mètres, et qui alimente toutes les fontaines de la ville. Vous lirez, sous la colonnade du premier étage, les inscriptions commémoratives qui retracent l'histoire de ce monument. Les eaux limpides que vous verrez jaillir avec fracas et se dissoudre en flocons de blanche écume sont celles de la Durance, et il a fallu, pour les amener là, un travail magnifique, gigantesque, qui n'a pas duré moins de cinq ans. Sur le cours de la Durance, au pont de Pertuis, les eaux de cette rivière ont été captées et rejetées dans quatre aqueducs, qui ont à franchir quatre vallons et trois chaînes de montagnes ; puis, après un parcours de 83 kilomètres, cette eau vient s'accumuler au château d'eau du palais de Longchamp. Ce travail a coûté 22 millions ; mais il a transformé Marseille, qui, connue, jadis, pour sa malpropreté, est devenue, aujourd'hui, l'une des plus propres, des plus gaies et des plus jolies villes du Midi.

— Et quel est l'architecte de cet admirable monument ?

— Henri Espérandieu, un homme de génie, tout simplement, et moi qui connais ses œuvres, je me permets de trouver qu'on n'a pas été assez juste envers lui, et qu'on ne lui a pas rendu assez d'honneurs. Cet homme-là ne devrait-il pas avoir sa statue au milieu d'une des plus belles places de la ville ? Il est vrai que, comme la plupart des hommes de génie, il est mort jeune, en l'année 1874, à l'âge de quarante ans à peine. Il est vrai aussi qu'on lui a contesté le mérite du palais de Longchamp. On a prétendu qu'il avait reçu les plans de la municipalité ou d'un autre architecte ; que l'idée ingénieuse de relier, par une colonnade, à un château d'eau central, deux corps de bâtiment destinés, l'un à un musée de tableaux, l'autre à un muséum d'histoire naturelle, n'était pas de lui. Je ne sais ce qu'il peut y avoir de vrai ou de faux dans ces allégations, mais je maintiens qu'en édifiant ce palais, Espérandieu a fait un chef-d'œuvre. Et ce qui me confirme dans la conviction que tout le mérite doit lui en revenir (il suffit, pour cela, d'observer sa manière), c'est qu'il est l'auteur — sans contestation, cette fois — de cet autre chef-d'œuvre que l'on appelle *Notre-Dame de la Garde*. N'est-ce pas à lui encore que l'on doit l'admirable façade de la nouvelle bibliothèque ? La force, la grâce, la légèreté, voilà la signature de ce grand artiste, et cette signature se retrouve dans toutes les œuvres qu'il a créées, même dans la nouvelle cathédrale qui a été exécutée sur les plans de Léon Vaudoyer, son maître, auquel il a succédé.

— Est-ce que le palais du Trocadéro, à

Paris, n'a pas été fait sur le modèle du palais de Longchamp?

— Je le crois; mais quelle différence entre les deux monuments!

— Revenons, si vous le voulez bien, à mon itinéraire. Quand j'aurai vu le palais de Longchamp, j'irai visiter l'église de Notre-Dame de la Garde?

— C'est tout indiqué, à moins que vous ne commenciez par l'arc de triomphe de la porte d'Aix, qui mérite une visite; mais qui, pour moi, n'a pas l'attrait de Notre-Dame de la Garde. Songez donc que cette église est construite sur une colline qui s'élève à 150 mètres au-dessus du niveau de la mer. La hauteur de l'édifice est, en outre, de 45 mètres, auxquels il faut ajouter encore les 9 mètres qui forment la dimension de la colossale statue de la Vierge! Aussi, c'est elle que les navires qui, partis pour l'Orient, ont gagné la haute mer, aperçoivent la dernière. Les équipages la saluent respectueusement, au moment où, image de la patrie, elle va disparaître. C'est l'adieu à la terre. Mais aussi, elle est la première qui frappe les regards des équipages qui reviennent et qui l'acclament avec la joie et la reconnaissance du retour.

— Et ma seconde visite sera pour la nouvelle cathédrale ?

— Si vous le voulez ; mais n'oubliez pas, surtout, le calvaire des Accoules ; car les Accoules, c'est Marseille.

— Où est situé ce calvaire ?

— Au centre de la vieille ville, à quelque distance de l'Hôtel-Dieu.

— Je ne l'oublierai pas. Et la Bourse ?

— Inutile ; vous l'avez déjà vue. C'est un monument moderne ; c'est la Bourse de Paris, la Bourse de Bruxelles, la Bourse de toutes les grandes capitales. Il en est de même pour la Préfecture. C'est un hôtel qui a été élevé en 1867, et qui n'a d'autre mérite que d'avoir coûté beaucoup d'argent. Or, l'argent est tout ou n'est rien. Il est tout pour l'hôtel de la Préfecture, et il n'est rien pour la cathédrale de Vaudoyer et d'Espérandieu, qui a déjà coûté 17 millions, qui en coûtera peut-être vingt, et ne semblera pas trop chèrement payée, car cette église, de style néo-byzantin, en forme de croix latine, surmontée de deux coupoles, avec deux tours en façade, prendra un rang superbe entre Saint-Marc de Venise et Sainte-Sophie de Constantinople, les deux plus célèbres basiliques de l'univers. Quand vous vous y rendrez, entrez par le quai de la Joliette, afin de voir et de gravir le monumental escalier d'honneur qui y conduit. Maintenant, et comme un souvenir de ma jeunesse, je vous engagerai à parcourir l'avenue du Prado. C'était, autrefois, une plaine stérile que de hardis spéculateurs transformèrent en une fort belle promenade, qui commence à la place Castellane et aboutit à la Corniche. Elle a 3400 mètres de longueur. Figurez-vous nos anciens Champs-Élysées avant que M. Alphand n'en ait fait un jardin anglais : des allées et contre-allées, plantées de beaux arbres, et bordées par de jolies villas ou hôtels, avec grilles et jardins. Supposez que, tournant le dos à l'Arc-de-Triomphe, vous descendez vers les Tuileries ; au lieu de rencontrer la place de la Concorde, vous rencontrez la Corniche et la mer. J'avais dix-huit ans, quand, en 1842, eut lieu l'inauguration du Prado, et j'y ai assisté. La municipalité d'alors avait invité à cette cérémonie le fils aîné de Louis-Philippe, le prince royal, Philippe d'Orléans, si affable, si aimé, et qui devait périr si malheureusement à la suite de l'accident de la route de la Révolte. Il y vint, en effet, et, pour lui ménager une surprise, on avait fait clôturer l'extrémité de l'avenue par une palissade très élevée. Quand le cortège, parti de la place Castellane, fut sur le point d'atteindre la Corniche, la palissade, à un signal donné par un coup de canon, s'effondra subitement, laissant voir la mer immense, et sans autre limite que l'horizon qui se confondait avec elle ! Ce fut un coup de théâtre splendide, et dont le jeune prince fut émerveillé. Le soir, bien entendu, il y eut banquet, illuminations, farandoles... Mais ces souvenirs nous entraîneraient trop loin.

J'allais répondre et le remercier de ses précieuses indications, quand, tout à coup, les explosions des plaques tournantes se firent entendre...

Nous étions à Marseille.

CHAPITRE II.

MARSEILLE.

Il est difficile, dans la fondation de Marseille, de décider entre les recherches historiques et la légende. Les uns attribuent l'origine de cette ville à des aventuriers phéniciens qui seraient entrés dans le golfe et y auraient débarqué 900 ans avant Jésus-Christ ; les autres racontent que, dans la première année de la 45ᵉ olympiade, an de Rome 154, une flottille grecque partit du port de Phocée, sous la conduite d'un chef nommé Protis ou Euxène, et vint aborder dans le golfe où devait s'élever plus tard l'opulente Massilia. Cette dernière version concorde avec la légende, et, comme une légende est toujours poétique, nous empruntons la plume brillante et imagée d'un poète pour la reproduire ici (1).

« Quelques émigrants de Phocée, guidés par un oracle, quittent leur patrie, font voile vers

(1) Stephen Liégeard, *la Côte d'azur.*

Éphèse ; puis, sous le croissant favorable de Diane qui les protège, abordent un matin aux rives de la Gaule. Ce jour-là, précisément, le chef de la puissante tribu des Salyes, le vaillant Nann, réunissait à un banquet l'élite de ses guerriers, afin que sa fille Gyptis choisît parmi eux un époux. Entouré de ses compagnons aux brillants costumes, le Phocéen Euxène prend sa part de la fête. Il est jeune autant que beau, fier autant que brave ; ses yeux ont parlé et leur langage a été compris. Aussi, quand le moment vient de décider entre les prétendants, la vierge blonde s'arrête devant le bel étranger, lui offre, avec un sourire, la coupe d'or, gage de sa foi. Au don de la main de Gyptis, Nann ajoute, en dot, toute la terre que baigne la vague prochaine ; et le long de cette baie prédestinée, l'hôte, royalement accueilli, trace l'enceinte d'une ville, que, par reconnaissance, il nommera *Mass-Salia* (la demeure salyenne). Marseille est fondée. »

Moins d'un demi-siècle après ce mariage, la colonie, qui commençait à prospérer, vit arriver une nouvelle armée d'émigrants phocéens, qui venaient d'être expulsés de l'Ionie par Harpagus le Mède, lieutenant du grand Cyrus. Ce renfort augmenta la puissance de la ville naissante en lui permettant d'étendre son territoire. C'est à cette époque, dit-on, que remonte l'importation de la vigne et de l'olivier, c'est-à-dire la source de sa principale richesse; car ces oliviers que nous avons rencontrés sur tout notre parcours, chétifs, malingres, rabougris, s'ils ne sont pas agréables aux yeux, n'en sont pas moins d'un rendement considérable et très productif. C'est dans ces plaines que se récoltent encore aujourd'hui les meilleures et les plus moelleuses huiles de la Provence.

A partir de cette époque, Massilia, pour justifier le proverbe : « Qui terre a guerre a, » soutient des luttes continuelles contre les villes qui, jusqu'alors, avaient eu la prépondérance maritime sur la Méditerranée et jalousaient déjà son accroissement. Rhodes, Tyr et Carthage, surtout, s'efforcèrent, à diverses reprises, de ruiner la colonie naissante; mais sans pouvoir y parvenir.

Rome seule vivait en bonne intelligence avec Massilia, qui entretenait avec la cité romaine un commerce très lucratif et très suivi.

Cette alliance — basée sur les intérêts réciproques — ne se ralentit jamais, et quand Brennus, le chef des Gaulois sénonais, fut entré victorieux dans Rome, les Marseillais, informés de ce désastre et de cette invasion, réunirent aussitôt la somme que le vainqueur exigeait pour la rançon de la ville conquise. Mais cette rançon arriva trop tard ; Camille avait chassé Brennus. Quoi qu'il en fût, les Romains n'oublièrent pas l'élan généreux de leurs alliés de Massilia. Ce fut encore cette ville qui donna aux Romains l'avis de la marche d'Annibal sur l'Italie, et, après la défaite de Cannes, elle offrit aux vaincus tous les secours dont elle pouvait disposer. Cette fois encore Rome ne fut pas ingrate, et quand Massilia fut menacée à son tour par des peuples voisins, elle envoya à son aide le consul Quintus Epinius, qui vainquit les envahisseurs et fit don à la cité phocéenne du territoire conquis sur les vaincus.

La ruine de Carthage accrut encore sa prospérité. Malheureusement, lors de la guerre qui éclata entre César et Pompée, Massilia se prononça en faveur de Pompée, et César, victorieux, réunit toutes les colonies marseillaises à la république romaine. Pour ces époques primitives et si souvent troublées, nous renvoyons les lecteurs friands d'érudition aux auteurs grecs et latins du temps : Hérodote, Strabon, Pline, Cicéron, Tacite, Thucydide, etc., etc.; le cadre de cet ouvrage ne nous permettant pas d'en donner des citations.

Après la chute de l'empire romain, nous voyons la grande cité phocéenne sans cesse harcelée par les invasions des Gaulois du Nord et, au milieu de ces prises d'armes incessantes qui ne lui laissent pas le temps de respirer, sa prospérité commerciale et maritime périclite sensiblement. Ce triste état de choses se prolonge ainsi jusqu'au quinzième siècle. Mais sous le roi René, pendant les cinquante ans que dura son règne, le commerce, l'agriculture, l'industrie, reprennent un nouvel essor, et un demi-siècle de paix, comme une rosée bienfaisante, fait refleurir les arts. Cette accalmie n'empêche pas les Marseillais de s'intéresser à la grande querelle des Armagnacs et des Bourguignons, sous Charles VI; et Bernard VII, comte d'Armagnac, ayant levé, dans la Provence, une armée pour aller combattre Jean sans Peur, duc de Bourgogne, on chante alors dans le pays :

> Bourguignon salé,
> La pointe au côté,
> La barbe au menton,
> Saute, Bourguignon !

Et cette chanson s'est conservée d'âge en âge, sous forme de ronde, que les enfants chantent encore aujourd'hui.

Ce fut le 11 décembre 1481 que Charles du Maine, petit-neveu et héritier du bon roi René, légua, en mourant, la Provence à Louis XI, roi de France.

Mais ce testament resta lettre morte ; les Marseillais n'en tinrent aucun compte et conservèrent leur petite autonomie.

Au siècle suivant, en 1524, les Marseillaises veulent, elles aussi, laisser une page à l'histoire comme Jeanne d'Arc et Jeanne Hachette, et elles sauvent leur ville, assiégée depuis quarante jours par le connétable de Bourbon.

C'est en mémoire de ce dévouement héroïque, où le courage des femmes vint suppléer le courage épuisé des hommes, que l'on a donné le nom de *boulevard des Dames* à l'avenue qui s'étend de la porte d'Aix au quai du Lazaret.

Après la défaite du duc de Mayenne et la dissolution de la ligue, Marseille, seule, restait encore insoumise. Elle était gouvernée par deux consuls, créatures de Mayenne, qui s'allièrent au roi d'Espagne contre Henri IV. Mais quelques bourgeois — bons patriotes — chassèrent les Espagnols et ouvrirent leurs portes aux Français.

En apprenant la soumission de Marseille : « C'est maintenant que je suis roi! » s'écria Henri IV.

Il s'illusionnait encore. Messieurs les Marseillais, qui regrettaient toujours leurs anciennes franchises, ne guettaient qu'une occasion pour secouer le joug, et ils profitèrent des troubles de la Fronde pour se révolter une fois de plus. Mal leur en prit, car Louis XIV entra bientôt en vainqueur dans leur ville, et le duc de Mercœur, gouverneur au nom du roi, eut l'heureuse idée de faire élever le fort Saint-Nicolas, « *afin que les Marseillais ne pussent plus se révolter* ». Ce fort, sous prétexte de défendre la rade, fut assez ingénieusement construit pour bombarder la ville. Depuis lors, nous ne constatons plus de velléité de rébellion, et le Marseillais se contente, pour se venger de son annexion, de dire, en parlant des Français : « Eux autres, en France ; » ce qui ne l'empêche pas de payer l'impôt et de remplir ses devoirs de citoyen.

Puis survient la peste de 1720, qui fait un nombre prodigieux de victimes, et où Mgr de Belzunce, alors évêque de la ville, donne à tous l'exemple du courage et du dévouement.

Arrive enfin la grande Révolution de 1789, à laquelle s'associe Marseille, fêtant les fêtes de la République, comme elle avait fêté celles de la monarchie. Le Corse Bonaparte, devenu l'empereur Napoléon, seul de tous les souverains, n'eut jamais le don de lui plaire. Promoteur de la guerre d'Égypte, Marseille lui reprochait de ruiner son commerce avec l'Orient. Aussi, salua-t-elle avec enthousiasme le retour des Bourbons en 1814.

Mais de tout ce passé combien se soucie peu le Parisien, écœuré de brouillards, et qui, se mettant en route pour le pays du soleil, s'arrête tout d'abord à Marseille, cette première étape

LE VIEUX PORT DE MARSEILLE.

DESSIN DE F. DE MONTHOLON.

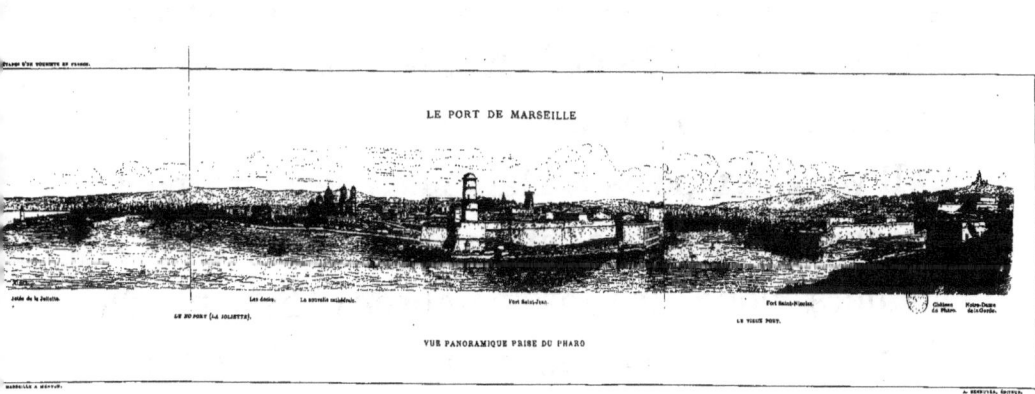

LE PORT DE MARSEILLE

VUE PANORAMIQUE PRISE DU PHARO

de l'Orient. C'est donc de la ville moderne qu'il faut parler, et qui, entre deux trains, mérite bien qu'on lui consacre une huitaine de jours, dont chacun sera suffisamment rempli.

La ville est séparée par deux grandes artères principales, et forme distinctement quatre parties, qui correspondent aux quatre points cardinaux. Le point d'intersection de ces deux grandes artères est compris entre la Cannebière, le cours Saint-Louis, le cours Belzunce et la rue de Noailles.

Il y a deux ports à Marseille : le vieux port, encadré de maisons, et que l'on prendrait volontiers pour un des nombreux bassins du Havre, et le nouveau port, dit *de la Joliette*. Nos lecteurs auront l'aspect général de la rade par la vue panoramique que nous leur mettons sous les yeux. Nous ne croyons pas qu'il y ait de spectacle plus grandiose que celui dont on est impressionné quand on arrive au sommet du phare qui termine la jetée de la Joliette. Cette mer immense, qui reflète l'azur du ciel dont elle emprunte la couleur ; ces magnifiques steamers transatlantiques, aux formes élégantes et hardies ; ces trois-mâts chargés de toile, qui glissent sur les vagues qui leur impriment un gracieux balancement ; ces canots de promenade, à la voile latine ; ces tartanes, qui partent pour la pêche ; tout ce mouvement maritime, sous un soleil radieux, forme un inoubliable tableau.

De même que la cité a deux ports, elle a aussi deux villes : la vieille ville et la ville neuve. Les rues du vieux Marseille sont étroites, escarpées ; c'est là que se retrouve le profil grec dans toute sa pureté, et l'on est tout surpris de rencontrer, assise sur un banc, une Grecque de Phocée, attendant les acheteurs, et portant un éventaire garni de moules ou de poissons. Ce n'est pas dans la langue d'Homère, toutefois, que cette beauté antique vous injuriera, si vous vous permettez de marchander ses moules ou ses *rascasses*, mais en vrai patois provençal, qui, ainsi que me l'avait annoncé mon compagnon de voyage, ne se parle plus que dans ce quartier-là, et sur le port, entre les matelots et les débardeurs.

La ville neuve, qui date du dix-huitième siècle, présente, surtout dans le voisinage de la rue de Rome et de la Cannebière, des rues lar-

LE PALAIS DE LONGCHAMP.

DESSIN DE A. DEROY.

ges, droites et bien pavées. Les maisons y sont élevées, et les étalages des magasins, situés aux rez-de-chaussée, rivalisent de luxe avec ceux des grandes villes. Mais c'est surtout dans la nouvelle et grande rue de la République que s'affirment les progrès modernes. N'était la différence de latitude, il serait difficile, même à un Parisien, de distinguer cette nouvelle rue de celle de Châteaudun, à Paris, dans le quartier Notre-Dame de Lorette.

Mais, tout en parcourant la ville, je n'avais pas oublié l'itinéraire que m'avait tracé mon obligeant compagnon de voyage, et je me dirigeai vers le *palais de Longchamp*.

Du premier coup d'œil, je pus m'assurer que l'éloge que l'on m'en avait fait n'était pas exagéré.

Le visiteur est séduit tout d'abord par les lignes harmonieuses de l'hémicycle et les proportions élégantes de tout le monument. Dans la construction et la décoration de cet édifice, chacun des collaborateurs a fait son devoir. L'ingénieur de Montricher, les sculpteurs Cavelier, Lequesne, Barye et Gilbert, l'architecte Espérandieu, ont rivalisé de zèle et de talent pour faire une œuvre complète, et ils ont fait un chef-d'œuvre.

On ne se lasse pas de regarder les deux escaliers, larges et tournants, qui conduisent à la svelte colonnade, coupée, de-ci et de-là, par des massifs d'arbustes et des corbeilles fleuries. Le groupe principal qui domine la chute d'eau représente la Durance, escortée de deux statues allégoriques personnifiant la vigne et le blé : Cérès et Pomone. Au pied de ces statues, quatre taureaux reçoivent, sur leurs croupes colossales, la masse liquide, qui, après s'être brisée en flocons d'écume sur des rochers artificiels, retombe dans le bassin inférieur. Ce groupe magistral est dû au célèbre sculpteur Cavelier, aujourd'hui membre de l'Institut.

Les deux tritons qui sonnent de la conque marine, de chaque côté du château d'eau, ainsi que les génies qui portent des corbeilles de fruits, sont l'œuvre de M. Lequesne. C'est au ciseau de M. Barye que l'on doit les chevaux marins et les faunes. Enfin, les griffons, les têtes mythologiques et les termes qui supportent la corniche circulaire, sont dus au ciseau de M. Gilbert.

Sous la colonnade, formant hémicycle, se présentent huit plaques ou tablettes de marbre blanc, qui mesurent environ 3 mètres de large chacune. Elles sont séparées, au milieu, par les armes de la ville de Marseille.

Nous donnons ici celles des inscriptions qui nous paraissent offrir le plus d'intérêt.

Voici celle du côté gauche :

SOUS LE RÈGNE DE LOUIS-PHILIPPE Ier
LA VILLE DE MARSEILLE A CONSTRUIT L'AQUEDUC
QUI AMÈNE LES EAUX DE LA DURANCE
DANS SON TERRITOIRE DÉSOLÉ JUSQU'ALORS
PAR LA SÉCHERESSE

LE CONSEIL MUNICIPAL POSAIT LA PREMIÈRE PIERRE
LE 15 NOVEMBRE 1839
DE LA COSTE, PRÉFET DU DÉPARTEMENT
MAXIMILIEN CONSOLAT, MAIRE

LES EAUX DE LA DURANCE
ARRIVENT DANS LE TERRITOIRE LE 8 JUILLET 1847
DE LA COSTE, PRÉFET DU DÉPARTEMENT
ÉLYSÉE REINARD, MAIRE

Du côté droit nous lisons l'inscription suivante :

SOUS LE RÈGNE DE NAPOLÉON III
LA VILLE DE MARSEILLE A ÉDIFIÉ LE CHATEAU D'EAU
LE MUSÉE DES BEAUX-ARTS

ET LE MUSÉE D'HISTOIRE NATURELLE
LE PALAIS ÉTAIT INAUGURÉ LE 15 AOUT 1869
LEVERT, PRÉFET — THÉODORE BERNEX, MAIRE

H. ESPÉRANDIEU, ARCHITECTE, AUTEUR DU PROJET
ET DIRECTEUR DES TRAVAUX

En outre de ces inscriptions, et dans deux niches creusées à droite et à gauche dans la colonnade même, on aperçoit deux bustes de marbre. A gauche, celui de l'ancien maire :

MAX. CONSOLAT
1785-1858

Et, à droite, celui de l'ingénieur qui a construit l'aqueduc :

F. DE MONTRICHER
1810-1858

Le *Musée de peinture et de sculpture* est situé à gauche, en arrivant par le boulevard de Longchamp, et son entrée s'ouvre sur une plate-forme à mi-chemin du bel et large escalier que nous avons décrit. Il faut bien consacrer deux ou trois jours à ce musée, qui renferme un nombre considérable de toiles et des plus remarquables. Les œuvres de maîtres arrêtent les regards à chaque pas. Si vous le voulez bien, nous commencerons par l'école française et par les tableaux d'histoire. Après avoir admiré les deux pages magnifiques de Puvis de Chavannes, qui décorent le grand escalier : *Massilia, colonie grecque,* et *Marseille, porte d'Orient,* le premier nom qui se présente est celui de Bellangé, digne émule d'Horace Vernet et de Charlet, qui, ainsi que ses prédécesseurs, conquit la popularité en reproduisant les victoires de la première République et de l'Empire. Il est représenté au musée de Marseille par *la Prise de Malakoff,* où l'on retrouve les qualités du peintre : l'ordre, la clarté, le mouvement et le souci des détails. Vient ensuite Joseph Beaume, élève de Gros, et qui se trouve là chez lui, puisqu'il naquit à Marseille en 1798. Joseph Beaume se fit connaître en 1824 par un chef-d'œuvre : *l'Invalide mourant,* qui eut les honneurs de la gravure et recueillit d'unanimes éloges. Dès lors, le peintre ne connut plus que le succès, exposant alternativement des tableaux de genre et d'histoire. Plusieurs de ses œuvres figurent au musée du Luxembourg et dans les galeries historiques de Versailles. Ses compatriotes ont de lui une belle toile, qui figure au numéro 15 du catalogue, et qui représente un des épisodes de la guerre de Russie. *Le Retour au camp des vainqueurs* est signé Alexandre Protais, dont le nom et les œuvres sont encore dans toutes les mémoires. Qui ne se souvient d'avoir vu, au Salon de 1863, *le Matin avant l'attaque* et *le Soir après le combat?* Ces deux toiles, desquelles se dégage un sentiment si profond, ont fait la réputation du peintre, et ainsi que l'écrivait Théophile Gautier, « il a trouvé ce que l'on pourrait appeler la poésie du soldat ». Nommé officier de la Légion d'honneur en 1877, Alexandre Protais est mort tout récemment. Sous la signature de Régamey, une toile représente des *Tirailleurs algériens* bien éclairés et bien campés. Isabey et Barry font honneur aux peintres de marines, le premier avec un *Village à Falaise*, et le second avec une *Rade de Cherbourg* et un *Combat naval*. Carl Vernet est représenté également par une marine. Les peintres de genre occupent aussi une belle place dans ce musée : Bouguereau, avec *les Inondés de Tarascon en* 1856 ; Fragonard, avec une *Allégorie de Marseille*; Fontenay, avec un *Souvenir des Pyrénées*; Millet, avec une *Mère*; Henri Regnault, avec *Judith et Holopherne*; Ary Scheffer, avec une *Madeleine*; Étienne et Pierre Parrocel, avec dix ou douze œuvres remarquables, qui soutiennent dignement la réputation de l'école française. Mais une des toiles qui captive le regard dans ce remarquable musée est due au peintre marseillais Michel Serre. Ses travaux lui avaient procuré une belle fortune quand éclata l'horrible peste de 1720. Il fut un de ceux qui montrèrent le plus de dévouement et de courage, au milieu des angoisses du fléau. Ayant généreusement prodigué tout ce qu'il possédait, il se vit dans la nécessité de demander de nouvelles ressources à son talent, et, encore sous l'impression du poignant spectacle dont il avait été témoin, il en fixa sur une toile les scènes les plus émouvantes. Cette toile, l'œuvre capitale de Serre, est peinte dans une gamme sombre qui lui donne un caractère des plus dramatiques. Les cadavres livides sont amoncelés; les charrettes, déjà pleines de victimes, s'avancent lentement, portant sur leur passage la terreur et la consternation. Des misérables, profitant de la douleur publique, s'abattent sur les morts, comme de sinistres vautours, pour les dépouiller. L'évêque Belzunce, suivi de son clergé, apporte intrépidement aux mourants l'absolution dernière, pendant que le gouverneur de la ville et les échevins s'efforcent, dans d'autres groupes, de relever les courages. Sous les numéros 198 à 225, Serre occupe une belle et large place dans le musée ; mais les deux grandes toiles, *le Cours* et *l'Hôtel de ville pendant la peste de* 1720, resteront ses deux œuvres magistrales.

Les paysagistes n'ont pas été oubliés. Daubigny a signé *les Graves du bord de la mer* ; Corot a peint une *Vue du Tyrol* ; *le Cerf* est un tableau de Courbet ; une *Lisière de forêt,* l'œuvre d'Anastasi ; les *Taureaux de la Camargue* sont de M. Vayson, etc. Quant aux portraits offerts aux yeux et au jugement des connaisseurs, ils sont nombreux et signés par les plus grands noms : Mignard, Greuze, Girodet, Gros, Ingres et Couture.

L'école italienne est également représentée par des artistes de premier ordre. L'énumération de ces chefs-d'œuvre serait trop longue pour un journal de voyage qui n'a pas plus de prétention que le nôtre, et nous nous bornerons à appeler l'attention des visiteurs sur un *Christ mort*, attribué au Caravage ; *Hector et Priam*, de Barbieri ; *la Charité*, de Paul Véronèse (Paolo Caliari) ; *David vainqueur de Goliath*, d'Annibal Carracche ; *Taureau et chiens*, de Giordano ; *la Vierge et l'enfant Jésus sur le trône*, du Giotto ; un paysage de Lucatelli ; une *Sainte famille*, attribuée à Palma ; *Trois Cavaliers*, de Jules Romain ; *les Saints protecteurs de Milan*, de Guido Reni ; un *Ermite* et un paysage, attribués à Salvator Rosa ; *Saint Jean écrivant l'Apocalypse*, par Raphaël Sanzio ; *le Doge Morosini*, *les Vertus théologales*, *Saint Bernard ressuscitant un mort*, par le Tintoret ; *la Famille de la Vierge*, du Pérugin ; une *Madeleine*, attribuée au Dominiquin ; puis quelques anonymes qui, au catalogue, sont compris du numéro 337 au numéro 345.

Dans l'école flamande et hollandaise, riche en beaux tableaux, nous relevons des noms illustres, dont le cours des siècles n'a pas terni l'éclat, tels que ceux de Breughel le Vieux, Philippe de Champaigne, Van Dyck, Deck,

Holbein, Jordaens, Rubens, Rembrandt, Ruysdael et Van Ostade.

L'école espagnole est représentée par un Ribeira et un Zurbaran.

Quant à la salle de sculpture moderne, ce sont Pierre Puget, Barye, MM. Cavelier, Truphême et Poitevin, qui ont surtout contribué à la décorer.

Des salles contiguës renferment, en outre, une série d'aquarelles et de dessins provenant des écoles française, italienne et flamande. Ces dernières sont une mine précieuse pour les études premières des jeunes aspirants à la gloire artistique, qui viennent là copier des modèles.

C'est à M. Achard, secrétaire de la Société académique de Marseille, que l'on doit la parfaite organisation de ces salles de peinture et de sculpture.

De ces musées on peut, en traversant la colonnade, pénétrer dans le corps de bâtiment de l'aile droite du palais, qui renferme le *Muséum d'histoire naturelle*. Il occupe un rez-de-chaussée et un premier étage où, réparties dans des vitrines distinctes, figurent les trois grandes divisions du règne animal. Les salles de ce muséum sont ornées de peintures à la cire. Celles qui représentent la série des animaux antédiluviens sont de M. Durangel ; celles qui reproduisent les phénomènes de la nature sont de M. Raphaël Ponson.

Derrière le palais s'élève un jardin zoologique, fort bien planté et fort bien entretenu, où le visiteur peut reposer sur la verdure ses yeux un peu surmenés par l'attention que commandent les deux musées dont nous venons de parler.

Ainsi que nous le verrons plus loin, quand nos pérégrinations nous conduiront de ce côté, le *Musée d'archéologie* de la ville a été installé au château Borély, situé à l'extrémité de l'avenue du Prado.

Avant de nous y transporter et pour rendre hommage au proverbe : « L'ennui naquit un jour de l'uniformité, » nous préférons décrire les curiosités d'ordres divers qui se rencontreront sur la route qui sépare le palais de Longchamp de l'avenue du Prado, en demandant même la permission de prendre, par-ci, par-là, le chemin des écoliers.

La course est longue de Longchamp à la colline sur laquelle s'élève la chapelle de *Notre-Dame de la Garde*. C'est de l'année 1214 que datait le premier édifice religieux construit à cet endroit ; il fut consolidé et rebâti en 1477 ; puis, en 1864, eut lieu l'inauguration de la nouvelle église, élevée par Henri Espérandieu. Les plus riches et les plus rares matériaux ont été employés dans son ornementation intérieure. Les revêtements sont en marbre blanc, les soubassements en marbre rouge d'Afrique, et les colonnes de transept en marbre vert des Alpes. Le sol est composé de losanges en marbres de différentes couleurs, genre mosaïque. La statue de la Vierge qui surmonte le clocher est de M. Lequesne ; les peintures murales sont de M. Muller.

La chapelle souterraine est également pavée en mosaïque, et les murs en marbre disparaissent littéralement sous les tableaux, d'une peinture trop souvent naïve, et les inscriptions commémoratives qui sont l'accomplissement d'un ex-voto, remerciant Notre-Dame de la Garde, qui a sauvé les donateurs d'un grand danger. Ici, un tableau représente une barque en perdition sur une mer en furie ; là, c'est

Notre-Dame de la Garde. Dessin de A. Deroy.

une maison incendiée et dont les habitants, entourés de flammes et affolés, appellent à leur secours. Tout le monde connaît cet amusant roman d'Alexandre Dumas, dans lequel un capitaine au long cours, enfant de Marseille, est sur le point d'être mangé par des cannibales. Il fait vœu, s'il en réchappe, d'aller en carrosse de gala, attelé de six mules, porter un cierge à Notre-Dame de la Garde. Il est sauvé par un miracle, et le célèbre romancier décrit, avec sa charmante plume de conteur, l'amusante et originale cérémonie du capitaine allant en carrosse accomplir son vœu à la madone protectrice.

Les choses n'ont pas changé. Il est vrai que les matelots marseillais peuvent chanter, comme les marins bretons :

> Dieu a planté notre sort
> Entre la vie et la mort.

Après Notre-Dame de la Garde, c'est la *nouvelle cathédrale* qui commande l'attention. On la dirait élevée sur une estrade, et sa façade a beaucoup de rapport avec celle de Notre-Dame de Paris. Sa longueur est de 140 mètres, et sa largeur de 16 mètres ; elle est surmontée de cinq dômes, et ne contient pas moins de onze chapelles à l'intérieur. Son ornementation est très soignée, et, quoique plus large et plus sévère, ne le cède en rien, pour la richesse des marbres, à Notre-Dame de la Garde. Ainsi que nous l'avons dit dans notre premier chapitre, cette basilique peut prendre rang après Saint-Marc et Sainte-Sophie; mais, après l'avoir vue, nous nous permettrons d'ajouter : après Notre-Dame de Paris, qui, excepté pour les Parisiens, généralement ne la connaissant pas, a été et est encore une des merveilles du monde entier.

Marseille n'a pas été pour rien l'alliée de Rome, car il nous semble bien qu'après la ville éternelle, elle est la cité qui renferme, proportionnellement à sa population et à son étendue, le plus grand nombre d'édifices religieux. Outre les deux que nous venons de citer, il faut visiter l'église *Notre-Dame du Mont*, qui a été édifiée en 1824, sur l'emplacement et sur les ruines d'une chapelle qui datait, dit-on, du sixième siècle et s'appelait *Saint-Étienne du Plan*. L'édifice actuel n'a pas de façade et n'arrête pas l'attention du touriste, mais, à l'intérieur, plusieurs tableaux de sainteté méritent d'être vus. **L'*Adoration des bergers, la Fuite en***

Égypte, par Serres ; *Monseigneur de Belzunce secourant les pestiférés*, par Auguste Nancy ; *Saint Loup allant au-devant d'Attila*, par Debay, sont des toiles aussi remarquables par la fermeté de touche que par le coloris.

La Major, ou Sainte-Marie Majeure, est la plus ancienne église de la cité. La tradition veut qu'elle ait été construite sur les ruines d'un temple consacré à Diane ; mais les archéologues ayant prouvé que le temple de Diane n'était pas situé à cet endroit, d'autres savants ont affirmé qu'il existait là un temple païen, et que ce devait être celui consacré à Baal, le Dieu des Phéniciens et des Carthaginois. Quel que soit le résultat de ces controverses scientifiques, la construction de la nouvelle cathédrale sur le quai de la Joliette a dépossédé la Major de son ancien titre, et elle a été démolie en grande partie. L'abside, qui date du sixième siècle, seule subsiste encore. Deux tableaux attribués à Louis Parrocel et deux autres de Dominique Papety, ainsi qu'une faïence blanche de Lucca della Robia, sont les curiosités qui légitiment une visite à cette église.

Notre-Dame du Mont-Carmel est située sur

la place centrale. C'est Pierre de Ragueneau, évêque de Marseille, qui, en 1603, posa la première pierre de l'édifice. On y remarque la chaire à prêcher attribuée au grand sculpteur Pierre Puget ; puis un tableau de Serres : *le Christ dans les bras de sa mère.*

Rue de la République s'élève *Saint-Cannat*, qui date de 1619. L'intérieur de cette église vaut la peine d'une visite. Un maître-autel de Fortis commande l'admiration par la hardiesse du baldaquin et la grâce des anges qui le couronnent. Trois tableaux à citer dans la nef, et dus aux pinceaux de Serre, de Parrocel et de M. Bronzet, peintre moderne.

L'église *Saint-Ferréol* est également située dans la rue de la République ; elle date de 1542, et on n'y trouve à remarquer qu'un tableau de Natoire : *le Martyre de saint Ferréol.*

Saint-Joseph est un édifice moderne construit de 1833 à 1864. C'est une église très spacieuse, dont la nef mesure 40 mètres de longueur sur 11 mètres de largeur.

Nous citerons encore, mais en courant, pour ne pas fatiguer l'attention du lecteur, les églises *Saint-Lazare, Saint-Martin, Saint-Mi-*

chel, Saint-Théodore, Saint-Victor, Saint-Vincent de Paul, de la Sainte-Trinité, Sainte-Marie-Magdeleine, et, en outre, les chapelles des dominicains, de la Visitation, de Jésus, des Capucins, et de la Mission de France. D'après cette nomenclature, vous conviendrez que si les Marseillais ne sont pas des chrétiens accomplis, ce n'est pas faute d'avoir de bons exemples sous les yeux.

La ville de Marseille renferme aussi un temple protestant, une synagogue israélite et un temple consacré au rite grec.

Avant de quitter les monuments, entrons à la *Bourse*. C'est un édifice moderne, situé rue Cannebière, dont la première pierre fut posée, en 1852, par le président de la République et qui fut inauguré en 1860. Deux bas-reliefs ornent la façade principale, représentant le Commerce et la Navigation, et sont dus au ciseau de M. Guillaume. Occupant tout le fronton du monument, un grand bas-relief représente la Ville de Marseille recevant les produits de l'Océan et de la Méditerranée. M. Toussaint est l'auteur de ce bas-relief. Aux deux angles de la façade s'élèvent, dans deux niches, les statues de Pythéas et d'Eutymène, navigateurs célèbres qui abordèrent, les premiers, dans l'antique cité phocéenne, trois siècles avant l'ère chrétienne. A l'entrée du vestibule s'élèvent deux statues en marbre, représentant la France et Marseille. Le rez-de-chaussée, entouré de galeries formant arcades, représente une superficie de 1 120 mètres et peut contenir trois mille personnes. La Chambre de commerce, le Tribunal de commerce et le syndicat des agents de change occupent le premier étage. Au second étage, on a établi le greffe du tribunal, le syndicat des courtiers et les bureaux des assurances maritimes. L'attique contient les archives et est affecté au logement de certains employés.

L'*hôtel de la Préfecture* est encore un édifice moderne. Commencé en 1861, sur les plans de M. Martin, il a été achevé en 1867. On assure qu'il a coûté près de 10 millions à la ville. Eh bien, j'aurai le courage de mon opinion, il ne les vaut pas, et le dôme carré, qui occupe le centre de la façade, pèse autant de millions de kilogrammes que la construction a coûté de millions d'argent.

L'*Hôtel de ville*, dont la façade donne sur le quai, offre un certain intérêt en raison de l'écusson qui surmonte la porte d'entrée, écusson attribué à Puget. A remarquer un grand escalier de marbre qui conduit aux différents étages de l'hôtel.

Le *Palais de justice*, le *Mont-de-piété* et le *Palais épiscopal* méritent une visite ; le Palais de justice surtout, avec sa magnifique salle des pas perdus. Cette salle est ornée de seize colonnes en marbre rouge du Languedoc, qui soutiennent une galerie formant premier étage. De grandes statues en marbre, assises, et représentant Solon, Justinien, Charlemagne et Napoléon, occupent les panneaux du milieu. Les trois statues qui décorent le fronton, *la Justice* entre *la Force* et *la Prudence*, ainsi que les deux bas-reliefs qui les avoisinent, sont l'œuvre de M. Guillaume.

En 1823, au mois d'août, le duc d'Angoulême, qui commandait en chef l'expédition dirigée contre l'Espagne, arrivait en vue de Cadix, défendue par une garnison de 14 000 hommes, placée sous les ordres de Lopez Baños.

Une presqu'île, portant le nom de *Trocadéro*

et qui est précisément située vis-à-vis de Cadix, devint l'objectif des assiégeants, comme la clef de la défense et la position la plus essentielle à emporter. Une tranchée fut ouverte du 19 au 30 août, et, au matin de ce jour, les troupes

Porte d'Aix. Dessin de A. Deroy.

françaises emportèrent la place d'assaut après un combat acharné de part et d'autre. La prise du Trocadéro, considéré jusqu'alors comme imprenable, remplit les Espagnols de stupeur et amena la négociation de la paix. C'est en mémoire de ce glorieux fait d'armes que, sous le règne de Louis XVIII, fut élevé l'arc de triomphe de la porte d'Aix, en l'honneur du duc d'Angoulême. Cet arc de triomphe a 18^m,95 de hauteur et 18^m,55 de largeur. L'arcade a 10^m,40 de hauteur et 5^m,60 d'ouverture. Le faîte est surmonté de statues allégoriques, et ses deux façades sont ornées de remarquables bas-reliefs. Les sculpteurs David d'Angers et Ramey en sont les auteurs.

A l'extrémité de l'avenue du Prado, avant d'arriver à la Corniche, une grande et belle allée conduit au *Château Borély,* qui renferme le Musée d'archéologie de la ville. Au rez-de-chaussée de ce château s'étalent plusieurs stèles phéniciennes des plus curieuses, découvertes en 1845 et en 1863, lors de la fondation de la nouvelle cathédrale et du percement de la rue de la République. Ces stèles ou figures gravées en relief sur la pierre, représentant les images des dieux phéniciens, tendraient à prouver que Marseille existait avant l'arrivée des Phocéens, ce qui ferait remonter son origine à 8 ou 900 ans avant Jésus-Christ. Le premier objet qui frappe les regards après les stèles est une galère massaliote, ou plutôt les débris de cette galère, trouvés à 7 mètres de profondeur dans le sol qui avoisine l'église de Saint-Ferréol. Au point de vue historique, cette épave est très curieuse. Puis, successivement, et en passant d'une salle dans une autre, on peut voir des cippes grecs et romains ; des sarcophages païens, des bustes, bas-reliefs, fragments de statues égyptiennes, etc., etc. Au premier étage sont rangés les verreries antiques, les bijoux, les médailles de pierre, de bronze, de plomb ; les vases étrusques, les statuettes, lampes, terres cuites, enfin toutes les curiosités archéologiques provenant de fouilles successives ou de dons faits par des savants tels que le docteur Clot-Bey ou M. Augier. Le château s'élève au milieu d'un beau et grand parc orné de pelouses et de corbeilles de fleurs. C'est, pendant l'été, la promenade favorite de la population marseillaise. L'hiver, ce parc se transforme en turf et devient le rendez-vous des amateurs de courses de chevaux.

Les lieux de plaisir et de réunion ne manquent pas à Marseille, car on y compte six théâtres et plusieurs cafés chantants.

Le *Grand Théâtre*, situé à l'extrémité de la

rue Beauveau et dont le péristyle rappelle beaucoup celui de l'Odéon, peut contenir quinze cents spectateurs environ. On y représente le grand opéra, l'opéra-comique et le ballet.

La salle du *Gymnase*, qui renferme de onze cents à douze cents places, est consacrée à la comédie-vaudeville et à l'opérette.

Les *Variétés* font leur répertoire de la grande comédie, représentant alternativement les œuvres de notre Théâtre-Français et de notre Gymnase.

Le *Théâtre des Nations* est exclusivement consacré aux drames; les *Folies marseillaises* et le *Théâtre Chave*, ainsi nommé parce qu'il a été construit, en 1842, sur le boulevard qui porte ce nom, jouent des vaudevilles et des opérettes; parfois des pantomimes, et très souvent des mystères, que l'on nomme, en Provence, des *pastorales*. Le Théâtre Chave, qu'à Marseille on appelle généralement le *Théâtre d'élèves*, est, en effet, consacré particulièrement aux représentations données par des artistes qui débutent ou par des sociétés d'amateurs.

Outre de très beaux cafés qui, pour la plupart, sont décorés avec autant de richesse que de goût, il existe un grand nombre de brasseries, de tavernes et d'estaminets, qui, en raison du mouvement du port, sont presque toujours pleins du matin au soir.

On compte aussi beaucoup de cercles à Marseille, et là, comme à Paris, la passion du jeu fait trop souvent de nombreuses victimes. Les étrangers qui veulent prendre langue, sont assurés d'être particulièrement bien accueillis au cercle Artistique, à celui des Phocéens et au cercle de l'Athénée.

Nous ne quitterons pas la ville proprement dite pour parler de ses environs et des îles voisines, sans consacrer quelques lignes au célèbre chemin de *la Corniche*. C'est une belle route qui longe le littoral et n'a pas moins de 7 kilomètres de parcours.

« On ne saurait trop recommander cette promenade aux étrangers. Entendre continuellement les vagues mugir au pied des rochers, aux flancs desquels sont suspendus des villas, des bastides, des restaurants modestes et des hôtels splendides ; respirer à pleins poumons la brise du large, si fraîche en été ; recevoir là, en hiver, les caresses d'un soleil chaud et bienfaisant, tels seront les premiers résultats d'une course que l'on peut faire, soit en calèche découverte, soit en tramway, sans avoir à redouter les ennuis qu'offrent habituellement les grandes routes. Le chemin franchit le vallon des Auffes au moyen d'un pont à trois arches d'un belle élévation; un peu plus loin, l'anse de la Fausse-Monnaie, sur un viaduc qui aboutit à la place du Prado. Là, il passe sur l'Huveaume au moyen d'un pont en fer de 12 mètres d'ouverture et de 25 mètres de longueur, pour ne s'arrêter qu'à Montredon. Les villages du Roucas blanc et du Vallon de l'Oriol, accrochés, en quelque sorte, aux rochers qui dominent la route, embellissent le paysage par l'originalité et les couleurs variées de leurs habitations. C'est aussi sur le chemin de la Corniche que se trouvent la fameuse Réserve de Roubion, magnifique hôtel renommé, parmi les gourmets, pour ses excellentes bouillabaisses, et le nouvel établissement de bains dit du *Roucas blanc* (1). »

Puisque le mot de « gourmets » a été pro-

---

(1) Alfred Saurel, *Marseille et ses environs.*

noncé dans la citation qui précède, ajoutons, pour leur être agréable, que c'est à Arenc que l'on se donne rendez-vous pour aller manger des clovisses et des oursins. Les clovisses sont des coquillages excellents qui ont beaucoup de rapports avec les palourdes. Quant aux oursins, ce sont de petits porcs-épics deux ou trois fois gros comme une châtaigne. On les ouvre avec précaution, par le haut, comme on découronne un œuf à la coque, et, dans l'intérieur, on trouve six ou huit angles rentrants ou cellules, remplis d'une pommade rose, jaune, blanche ou rouge, qui a la forme d'une languette. C'est cette languette de pommade que l'on mange, qui a un goût *sui generis* et très prononcé d'algue marine.

Les Méridionaux sont très friands de l'oursin. Quant à moi, j'abandonne volontiers ma part aux 326 000 habitants de Marseille, chiffre du dernier recensement.

Depuis sa fondation jusqu'à nos jours, Marseille a vu naître des hommes remarquables dans les sciences, les lettres et les arts. Depuis Pythéas et Euthymène, hardis navigateurs dont les statues ornent la Bourse, l'*Athènes des*

Gaules, comme l'appelait Cicéron, compte de nombreux explorateurs, orientalistes, navigateurs et mathématiciens, qui par leurs recherches et leurs travaux ont fait honneur à leur ville natale : Jean de la Roque, Charles Peyssonel, Guys, Eyriès, Fortia de Pilles, Venture de Paradis, Bérenger de la Beaume, et d'autres encore qu'il serait trop long de citer. Les célébrités politiques se nomment Palamède de Forbin, de Peysonnel, Barbaroux, marquis Barthélemy, Garnier-Pagès, marquis de Pastoret et Adolphe Thiers. Les sculpteurs et les peintres sont représentés par Pierre Puget, Antoine Duparc, Expercieux, sculpteurs ; par Michel Serre, Topino Lebrun, Dominique Papety, Augustin Aubert, Gustave Ricard, Constantin, Marius Engalière et Joseph Beaume, peintres ou dessinateurs.

Mais c'est surtout aux lettres que Marseille doit son meilleur lustre. Déjà du temps de César et de Cicéron, la philosophie, l'éloquence et la poésie y étaient en grand honneur. Depuis lors, la cité n'a pas laissé protester son antique renommée en donnant le jour à François Bellin, Th. Barthe, Honoré d'Urfé, de Lantier, Marie

Aycard, Eugène Forcade, Léon Gozlan, Eugène Guinot, Charles Reybaud, Joseph Méry, Marc Michel, Amédée Achard, poètes, publicistes, auteurs dramatiques et romanciers.

On voit que la réputation de Marseille ne tient pas tout entière dans ses barriques d'huile d'olive et dans ses caisses à savon.

Il nous faut, cependant, dire quelques mots de son commerce, qui est d'une grande importance, cette ville ayant toujours été l'entrepôt des transactions entre l'Orient et l'Europe, et le transit, par le canal de Suez, devenant, de jour en jour, plus actif et plus considérable. Si, déjà, la conquête de l'Algérie avait, en quelque sorte, triplé sa prospérité, on peut dire que l'ouverture du canal de Suez a décuplé sa fortune. Ses navires sillonnent aujourd'hui les mers jusqu'à l'extrême Orient et font des échanges avec l'univers entier.

Le mouvement commercial de Marseille peut être évalué de 25 à 30 millions de quintaux pour l'exportation, et de 10 à 15 millions de quintaux métriques pour l'importation. Les principaux objets de son commerce sont les céréales, les huiles d'olive, le sucre, le café, les savons, les laines, les soies, les graines oléagineuses. Nous ne pourrions donner une idée exacte de l'importance du port de Marseille qu'en accumulant chiffres sur chiffres, ce qui serait une réelle fatigue pour le lecteur; mais nous pouvons la résumer, en quelque sorte, par un seul, et ce chiffre est le montant des droits qui, durant ces dernières années, ont été perçus par la douane. Il varie de 58 à 60 millions! *Ab uno disce omnes.*

Quant à son industrie, qui n'avait qu'une bien minime importance autrefois, elle a pris un essor considérable depuis que la canalisation de la Durance lui a apporté les quantités d'eau indispensables à toute industrie. Des fabriques se sont élevées, des usines nombreuses se sont créées, telles que huileries, savonneries, raffineries de sucre, de soufre, fabriques de biscuits, de produits chimiques, de bougies, etc.

Les fabriques de bouchons et d'ustensiles de pêche jouent encore un certain rôle dans le chiffre de ses exportations, et les matières premières de ces deux industries, ainsi que nous le verrons dans la suite, proviennent du département du Var.

CHAPITRE III.

LA BANLIEUE ET LES ENVIRONS DE MARSEILLE.

A l'extrémité de la Cannebière, une grande quantité de barques, dont l'arrière est surmonté d'une tente en forme de dais, et le plancher garni de tapis en velours d'Utrecht jaune ou rouge, sont alignées le long du quai du vieux port. Du plus loin que les bateliers vous aperçoivent, ils crient à l'envi :

— Demandez votre barque pour le château d'If, pour le Lazaret.

Dans l'espoir de vous débarrasser d'eux, vous répondez :

— Pas aujourd'hui.

Mais ils ne se tiennent pas pour battus et veulent prendre rendez-vous pour l'excursion obligatoire, vous offrant d'aller vous chercher à votre domicile ou à votre hôtel au jour désigné et à l'heure convenue ; et ils n'oublient pas de vous vanter l'élégance et l'allure de leur canot pour obtenir la préférence. Une visite au *château d'If* est, en effet, obligatoire. C'est un îlot de la Méditerranée qui est situé à 3 kilomètres, au sud-ouest de la ville. A l'une des extrémités de cet îlot, s'élève un château fort bâti par François Ier et destiné à devenir une prison d'État. Je ne sais ce qu'il peut y avoir de vrai dans les récits faits par quelques visiteurs au sujet de ce château et de son naïf gardien, qui, assuraient-ils, leur avait montré, avec un grand sang-froid, les deux cachots où avaient été enfermés Dantès et l'abbé Faria, deux des principaux personnages du roman de *Monte-Cristo*, d'Alexandre Dumas. La légende, qui n'est autre que le roman, se confond si bien, à certaine distance, avec l'histoire! Ce que je puis assurer, c'est que le gardien ne m'a montré que le cachot ou plutôt la chambre où fut enfermé Mirabeau, sur la demande de son père. Le marquis de Mirabeau pouvait être l'*Ami des hommes*, surnom qu'il s'était décerné lui-même, d'après le titre d'un de ses ouvrages ; mais il nous semble qu'il n'était guère l'ami de son fils. Du reste, le grand orateur de la Révolution ne resta pas longtemps au château d'If ; il fut bientôt transféré au fort de Joux, près de Pontarlier, puis obtint cette dernière ville pour résidence. Dans le voisinage du château d'If, s'élèvent les deux îles de Pomègue et de Ratonneau, réunies l'une à l'autre par une digue de 300 mètres. C'est dans l'île de Ratonneau que sont situés les bâtiments de la Quarantaine et du Lazaret.

Une promenade plus riante est celle qui conduit au château du comte de Castellane, dans la *vallée des Aygalades*. Cette vallée, par l'abondance de ses eaux vives, par sa fertilité, la vigueur de ses arbres et de sa végétation, est la plus jolie campagne des environs de Marseille. Déjà, vers le douzième siècle, les moines du mont Carmel s'étaient établis dans ce vallon fertile et y avaient agrandi ou creusé deux salles spacieuses dans une grotte située sur la rive d'un cours d'eau. C'est la grotte désignée aujourd'hui sous le nom de *l'Ermitage*.

Quant au château des Aygalades, qui fut construit par le maréchal de Villars, alors gouverneur de la province, il fut acheté par Barras, président du Directoire et descendant d'une des plus anciennes familles du Midi, car on y disait proverbialement : « Il est noble comme les comtes de Barras, aussi anciens que les rochers de la Provence. » Enfin, il devint la propriété de la famille Castellane à laquelle il appartient aujourd'hui. Le parc est surtout recherché et admiré pour la beauté de sa flore et l'abondance de ses eaux, qui jaillissent en cascades de tous côtés et y entretiennent une fraîcheur et une gaieté continuelles.

Aux amateurs de stalactites, nous indiquerons les grottes naturelles de *Baume-Loubière* et de *Baume-Rolland*. La visite de ces grottes constitue tout un voyage souterrain que l'on ne peut accomplir qu'avec un guide et à l'aide de cordes et de torches allumées. De nombreuses stalactites descendent des voûtes, empruntant les formes les plus bizarres et les plus étranges. Les unes représentent exactement un buffet d'orgue ; les autres une chaire à prêcher, et une chaire admirablement bien sculptée.

De même que la vallée des Aygalades, le *vallon de Roquefavour*, formé par le lit de la rivière de l'Arc, qui descend d'Aix pour se jeter dans l'étang de Berre, est une des oasis que le Marseillais prend pour but de ses excur-

LA VALLÉE DES AYGALADES.
DESSIN DE F. DE MONTHOLON.

sions. Quant aux touristes, ils s'y rendent pour y contempler le magnifique aqueduc qui franchit ce vallon et qui est une des preuves du gigantesque et prodigieux travail qu'il a fallu exécuter pour amener les eaux de la Durance au château d'eau du palais de Longchamp. Nous en avons dit quelques mots dans notre premier chapitre. La longueur totale de cet aqueduc est de 400 mètres. Sa hauteur est de $82^m,65$ et comprend trois étages superposés. Le viaduc du Point-du-Jour, à Auteuil, est le travail qui pourrait donner l'idée la plus juste de l'aqueduc de Roquefavour. Le volume d'eau qui court sur cet aqueduc est de 6 mètres cubes à la seconde, quantité suffisante pour alimenter Marseille pendant une quinzaine de jours.

Aubagne est la station qui doit servir de point de départ aux voyageurs qui désirent se rendre au lieu de pèlerinage nommé *la Sainte-Baume* ou *la Baume de Marie-Magdeleine*. C'est encore une légende qui a pris crédit et fait mourir la Magdeleine, ainsi que Marthe, sa sœur, et Lazare qui les accompagnait, à un endroit qu'on appelle *les Petites Alpes* et qui est proche de Saint-Maximin. Vers la fin du treizième siècle, le bruit se répandit tout à coup, en Provence, que l'on venait de découvrir à Saint-Maximin les reliques de la Magdeleine. On prétendit que l'on avait trouvé une inscription très ancienne contenant ces mots : « L'an 700 de la Nativité de Notre-Seigneur, le seizième jour de décembre, du temps de l'incursion des Sarrasins, le corps de sainte Marie-Magdeleine fut transféré très secrètement, la nuit, hors de son sépulcre d'albâtre en celui-ci de marbre, par la crainte des infidèles. »

Gérard de Nazareth, puis, après lui, le Père Lamy, de l'Oratoire, ainsi que Bossuet et Fleury, contestèrent la véracité de cette légende; mais elle ne s'en établit pas moins, et la Sainte-Baume, où Magdeleine s'était retirée et où elle est morte, est devenue un lieu de pèlerinage des plus célèbres et des plus suivis. Des rois, des papes, des comtes de Provence s'y sont rendus, et, depuis lors, sans interruption, les fidèles se transportent sur les cimes du *Saint-Pilon* pour prier au rocher de la *Pénitence.*

Que si l'on nous demande, maintenant, ce

que nous avons à dire de ces petites localités qui avoisinent la grande cité et se nomment *l'Estaque, le Pas-des-Lanciers, la Blancarde, la Pomme, Saint-Marcel, Saint-Menet, la Penne, Camp-major*, etc., nous répondrons très franchement : Rien ! pas plus qu'un méridional ne parlerait des petites villas qui, d'Asnières à Saint-Mandé ou Nogent-sur-Marne, forment la ceinture agreste de Paris. De même que le commerçant parisien déserte son magasin, le samedi soir, pour aller passer le dimanche dans sa petite villa de Suresnes, de Rosny ou du Parc-Saint-Maur, de même le bijoutier ou le marchand de nouveautés de la rue de Noailles et de la rue Saint-Ferréol va passer les jours fériés dans son *bastidon* de *la Penne*, de *la Blancarde* ou du *Pas-des-Lanciers*.

Cette villégiature n'a donc de l'intérêt que pour le propriétaire du bastidon, heureux de pouvoir passer une journée à la campagne, au grand air, à voir pousser les premiers bourgeons de sa vigne ou de ses figuiers. Autant de pris sur l'ennemi... c'est-à-dire sur le magasin ou la rue de la ville.

CHAPITRE IV.

DE MARSEILLE A TOULON.

Le littoral de la côte méditerranéenne, qui commence à Marseille et se termine à Vintimiglia, présente, ses contours compris, un développement de 288 kilomètres de longueur. Cette côte rocheuse offre aux regards un nombre considérable d'angles rentrants et saillants, qui forment autant de golfes et de promontoires. C'est cette conformation qui donne à la Provence maritime une grande analogie avec la côte d'Afrique.

Le premier golfe un peu important que l'on rencontre à la sortie de Marseille est la petite rade de *Cassis* qui, de tout temps, a été considérée comme un des meilleurs abris de cette côte.

Cassis, qui a vu naître l'abbé Barthélemy, l'auteur du *Voyage du jeune Anacharsis en Grèce et en Asie*, est une petite ville fort gaie, les alentours du rivage étant garnis de forêts, qui reposent de la vue continuelle de la mer. Il s'y faisait autrefois, paraît-il, un commerce important de corail : « On n'a trouvé, dans la baie de Cassis, aucun vestige qui permette d'attribuer, à la ville et au port, une origine antérieure à l'occupation romaine. Il est cependant hors de doute que les navigateurs grecs et phéniciens connaissaient l'existence des bancs de corail dont les rochers sous-marins de cette partie de la côte sont encore tapissés. Le corail de Cassis était alors un des plus estimés de la Méditerranée ; il est plus coloré que celui des îles Baléares, d'un grain plus fin et plus transparent que celui de la Sardaigne et des côtes d'Afrique. Pline raconte que la pêche de ce polypier était pratiquée avec un grand succès sur les côtes rocheuses de la Ligurie, et on sait tout le prix qu'y attachaient les guerriers gaulois et les dames romaines comme objet de parure et d'ornement. La pêche du corail, aujourd'hui en décroissance, presque abandonnée, a été pendant longtemps une véritable industrie pour cette partie de la Provence. Les navires génois, catalans et provençaux se donnaient rendez-vous, depuis le printemps jusqu'aux approches de l'hiver, dans les eaux coralligènes du golfe.

« Le précieux polypier, retiré de la mer, était ordinairement nettoyé et mis en œuvre sur les lieux mêmes de son extraction. Cette délicate préparation était, pour la petite ville de Cassis, une source de prospérité, en même temps qu'elle lui donnait une physionomie d'une élégance toute particulière. Malheureusement, depuis moins d'un siècle, le corail semble avoir subi une véritable dépréciation, par suite d'une de ces transformations aussi nombreuses qu'inexpliquées du goût et de la mode. Nos pêcheurs indigènes ont complètement délaissé les pratiques qui firent la fortune de leurs pères, et c'est à peine si, de temps à autre, quelques tartanes espagnoles ramassent, dans leurs filets traînants, quelques tiges arborescentes de moins en moins recherchées (1). »

Le port de *la Ciotat*, situé à 10 kilomètres plus loin, est autrement vivant et animé, en raison des vastes chantiers de construction qui sont la propriété de la Compagnie des Messa-

(1) Charles Lenthéric, *la Provence maritime, ancienne et moderne*.

LE PORT DE LA CIOTAT.
DESSIN DE F. DE MONTHOLON.

geries maritimes. Cette Compagnie fait construire là un grand nombre de navires pour l'État et de steamers pour les armateurs de Marseille; elle n'occupe pas moins de trois mille à trois mille cinq cents ouvriers, et elle en loge une grande partie dans une cité ouvrière qui, bâtiments compris, embrasse un espace de 20 000 mètres environ.

Quant à la ville proprement dite, elle n'a rien de remarquable. Une belle jetée sépare le port de la rade. De cette jetée, on vous fait remarquer un rocher qui s'avance sur les flots et qu'on a nommé *le Bec de l'aigle*. Dans son roman intitulé *Tamaris,* Mme Sand écrit : « Ce rocher bizarre est d'une coupe si aiguë, qu'il ressemble effectivement à un bec gigantesque, béant sur la mer et guettant l'approche des navires pour les dévorer. »

Le commerce de la Ciotat se réduit au petit cabotage avec les ports voisins pour l'entretien et l'alimentation de la cité ouvrière des Messageries maritimes; mais la pêche y est très active et y occupe un grand nombre de pêcheurs et de bateaux.

Les premiers golfes que l'on rencontre à la

suite de la Ciotat sont ceux de *Bandol* et de *Saint-Nazaire*. Ces deux ports sont d'excellents abris pour les navires qui font le petit cabotage entre la France, la Corse et l'Italie, ainsi qu'entre l'Italie et l'Espagne. Si des coups de mer imprévus les mettent dans l'impossibilité de poursuivre leur route, ils trouvent un sûr refuge dans les petites rades bien abritées de Bandol et de Saint-Nazaire. Mais ces deux villes, ne renfermant pas de grande industrie, ne présentent aucune activité commerciale. Aussi est-ce la pêche seule qui fait vivre leur population. On compte soixante-trois bateaux de pêche à Bandol, et quatre-vingt-huit bateaux à Saint-Nazaire, qui exploitent la côte assez poissonneuse entre le golfe des Lèques et l'île des Embiez.

C'est à la station d'*Ollioules-Saint-Nazaire* qu'il faut s'arrêter, et à la ville d'*Ollioules*, chef-lieu de canton, qu'il faut prendre gîte, si l'on veut visiter les célèbres gorges dont la ville a pris le nom. Ces gorges, que traverse la route de terre qui conduit de Marseille à Toulon, ont une lieue de longueur et semblent une déchirure de la montagne. On suit un défilé

LES GORGES D'OLLIOULES.
DESSIN DE A. CHARPIN.

étroit et sauvage, encaissé dans un amas de rochers crevassés et menaçants. Un torrent coule au fond d'un précipice que l'on traverse sur un pont protégé par un parapet en pierre. Le bois de Cujes et les gorges d'Ollioules étaient, il n'y a pas bien longtemps encore, un repaire de brigands. C'était le maquis de la Provence. Sous le règne de Louis-Philippe, les courriers et les diligences étaient souvent dévalisés par les bandits, à l'un ou à l'autre de ces deux endroits et, quelquefois même, à tous les deux. Ici, se place un épisode qui m'a été raconté, au retour de mon excursion, par le père de mon hôtelier d'Ollioules, un grand vieillard de soixante-dix à soixante-douze ans, sec, ridé, mais encore très vert.

Nous étions assis, le soir, dans la grande salle du rez-de-chaussée, sous le manteau d'une vaste cheminée dans laquelle on venait de faire flamber des tiges odoriférantes de romarin, de genêt et de bruyère, car c'était en mars et les soirées étaient encore fraîches. Il me raconta que, dans sa vie, il n'avait fait qu'un voyage de Marseille à Toulon et que, précisément, cette nuit-là, la diligence dans laquelle il se

trouvait avait été arrêtée, aux gorges d'Ollioules, par des bandits de grande route. Son
récit m'ayant semblé un peu long, j'hésitais à
le reproduire; puis j'ai pensé qu'il reposerait
le lecteur de cette continuelle nomenclature de
villes, de localités, de monuments que nous ne
pouvons nous dispenser de lui donner, car elle
est inséparable d'un journal de voyage. Je
laisse donc la parole au père de mon hôte.

« C'était en 1838, nous dit-il; j'avais alors
vingt et un ans et j'étais commis dans un magasin de Marseille. Mon patron, ayant à porter
à Toulon un acte notarié et une somme d'argent, avait retenu une place d'*intérieur* dans
la diligence de Marseille à Toulon. Cette voiture, qui partait de Marseille à 10 heures du
soir, arrivait à Toulon vers les 6 heures du
matin, et, quand elle était en avance, elle
attendait le coup de canon tiré par l'*Amirale*,
qui donnait le signal d'ouvrir les portes de la
ville. Mon patron, retenu, au dernier moment,
par une affaire importante, me désigna pour le
remplacer. Il me remit son bulletin, les titres,
l'argent et me prêta, en outre, pour ma défense personnelle, une belle canne à épée

qu'il emportait toujours dans ses excursions.

« J'arrivai à l'hôtel d'où partait la diligence, et comme j'étais en avance d'une demi-heure, j'entrai dans le café de cet hôtel. J'y trouvai déjà nombreuse réunion, car presque tous mes compagnons de voyage y étaient rassemblés. La composition de la voiture se ressentait un peu du voisinage d'une ville de guerre. Sur six qui devions occuper l'intérieur, il y avait quatre officiers de marine : un capitaine de frégate, un lieutenant de vaisseau et deux enseignes. Le sixième, ainsi que je l'appris plus tard, était le voyageur d'une importante maison industrielle de Paris et, quand il prenait la parole, fidèle à sa profession, il s'en servait sinon avec distinction, du moins avec abondance :

« — Oui, messieurs, disait-il au moment où j'entrai, je parierais que, ce soir, notre diligence est chargée, c'est-à-dire qu'elle emporte des valeurs importantes.

« — Eh bien, quand cela serait ? fit un des enseignes.

« — Eh bien, quand on attellera, vous verrez deux gendarmes, sabre au côté, carabine en bandoulière, prendre place dans le cabriolet, là-haut, derrière le conducteur.

« — Dans quel dessein ?

« — Comment, dans quel dessein ? Mais si les gendarmes ne se montraient pas là-haut, il y a cent à parier que, la nuit prochaine, nous serions arrêtés par...

« — Par des voleurs de grands chemins, continua le capitaine de frégate, avec un sourire railleur et assez incrédule.

« — J'étais sûr de votre incrédulité, insista le commis voyageur, et cependant rien de plus sérieux. La diligence que voici a été dévalisée deux fois le mois dernier. Demandez au conducteur.

« Nous nous regardâmes d'un air étonné. Le jeune homme parlait avec conviction, avec fermeté, et son visage ne trahissait aucune arrière-pensée de plaisanterie.

« — Et à quel endroit ces honnêtes gens exercent-ils leur industrie, demanda le capitaine de frégate.

« — Aux gorges d'Ollioules.

« — Cependant, reprit le lieutenant de vaisseau, je ne puis croire qu'on ne parvienne pas à arrêter tous ces mauvais drôles, s'ils se présentent toujours au même endroit. Pourquoi, par exemple, n'a-t-on pas rempli la voiture d'agents de police, bien armés et ayant les allures d'inoffensifs voyageurs ?

« — Précisément, on a eu recours à la ruse que vous indiquez ; mais il paraît que la bande avait été prévenue, car, cette nuit-là, elle n'a pas paru. Mais, quelques jours après, l'escouade ayant été congédiée, les bandits se faisaient remettre un group de 5 000 francs que le gouvernement expédiait au préfet maritime.

« — Sans doute, dit un des enseignes, ils ont des espions échelonnés sur la route, car on ne peut admettre la complicité du conducteur.

« Il achevait à peine de parler que le commis voyageur jeta une exclamation de triomphe. Nous suivîmes la direction de ses yeux et nous aperçûmes deux gendarmes qui, suspendus aux courroies de la voiture, faisaient leur ascension sur l'impériale.

« — Vous voyez bien, s'écria-t-il, que la diligence est chargée.

« Il y eut un silence de quelques minutes.

« — Messieurs, il me vient une idée, s'écria

tout à coup le capitaine de frégate, si nous prouvions à ces coquins d'Ollioules que l'on ne s'attaque pas impunément à d'honnêtes gens comme nous? Voici un de mes arguments, continua-t-il en sortant de ses poches une jolie paire de pistolets.

« Tout le monde se mit à rire.

« — J'en ai autant à leur offrir, fit le commis voyageur en montrant une paire de pistolets, sœur jumelle de la précédente.

« — Nous avons aussi des atouts, dirent ensemble les deux enseignes, en nous montrant qu'ils étaient armés.

« — Ma foi, messieurs, dis-je modestement à mon tour, voici tout ce que je puis vous offrir.

« Et, de la canne de mon patron, je tirai une lame brillante et triangulaire.

« — Oh! mauvaise arme! Nous vous mettrons dans la réserve, répondit en riant le capitaine de frégate.

« — Eh! mais... sérieusement, reprit le lieutenant de vaisseau, qu'en pensez-vous, messieurs?

« Ici, les exclamations se croisèrent:

« — Très drôle! Bravo! En avant!

« — Un moment, interrompit tout à coup le plus âgé des officiers, il y a une chose à laquelle il faut songer ; c'est que notre escapade peut compromettre la sécurité des autres voyageurs. Qui nous dit, par exemple, que nos voisins du coupé et de la rotonde ne sont pas des voisines ?

« — Nom d'un petit bonhomme ! s'écria le commis voyageur, j'ai vu deux nourrices monter dans la rotonde. Éternelles nourrices, que le ciel les confonde !

« — Il est évident qu'il faut faire une reconnaissance avant de rien décider, fit le capitaine de frégate. Et s'adressant au commis voyageur :

« — Voulez-vous vous en charger ?

« Celui-ci ne se le fit pas dire deux fois et je l'aperçus bientôt se hissant sur les jantes des roues et passant l'inspection du coupé et de la rotonde.

« — Excellentes nouvelles ! s'écria-t-il en revenant, la rotonde est occupée par deux nourrices, par un vigneron d'Hyères et par un étudiant en médecine. Or, les deux nourrices s'arrêtent à Aubagne, qui est le terme de leur voyage. Restent le vigneron et l'étudiant, qui sont prêts à se joindre à nous. Quant au coupé, trois personnes l'occupent : le père, un homme d'une cinquantaine d'années, et ses deux fils, qui ont de douze à quatorze ans. Je leur ai fait part de notre projet, et voici ce que le père a décidé : pour nous donner toute liberté d'action, ils nous laisseront, à partir d'Aubagne, leurs places dans le coupé et viendront se mettre dans l'intérieur au milieu de nous, où ils se trouveront, disent-ils, dans la plus entière sécurité.

« — C'est parfait, répondit le capitaine de frégate, mais ce n'est pas tout, car il faut agir de ruse pour donner le change aux bandits. Messieurs Durantin et Robert, continua-t-il, en s'adressant aux deux enseignes, courez vite chez la marchande à la toilette la plus proche, faites l'emplette de cinq ou six vieux chapeaux et vieux châles de femme. Vous nous les apporterez. Faites vite, car on attelle.

« Les deux enseignes partirent en courant.

« — Des châles et des chapeaux de femme pour nous ? fit le commis voyageur étonné.

« — Chut ! messieurs, j'ai besoin de toute

ma tête pour des combinaisons stratégiques aussi compliquées ! Vous, monsieur, ajouta-t-il en s'adressant à moi, à Aubagne, vous ferez descendre les deux gendarmes dans la rotonde ; enveloppés jusqu'aux yeux dans leurs manteaux, ils prendront la place des deux nourrices qui doivent nous quitter.

« Je vous ferai grâce de la conversation qui suivit et des plaisanteries qui accueillirent l'idée de transformer quelques-uns d'entre nous en femmes, pour donner le change aux bandits.

« Les deux enseignes reparurent bientôt, chargés de paquets et de cartons, et, au moment où le conducteur criait pour la troisième fois : « Allons, messieurs, en voiture ! » chacun de nous prit la place qui lui fut désignée ; les coups de fouet retentirent, et nous partîmes avec une rapidité de deux lieues à l'heure.

« Aucun incident ne se produisit jusqu'à Aubagne. Là, les deux nourrices nous ayant quittés, on remonta en voiture dans l'ordre suivant : dans le coupé, les deux enseignes et le commis voyageur ; tous trois s'étaient affublés de châles et de chapeaux ornés de voiles verts ;

ils représentaient l'avant-garde. Le voyageur du coupé et ses deux fils, le capitaine de frégate, le lieutenant de vaisseau et moi, nous occupions l'intérieur ; enfin, dans la rotonde, l'étudiant, le vigneron et les deux gendarmes composaient, avec le conducteur, le corps d'armée principal.

« Nos dispositions, vous le voyez, étaient formidables ! Dix combattants et deux hommes de réserve.

« Chacun s'étant placé dans l'ordre indiqué, la diligence poursuivit sa route.

« Il pouvait être cinq heures du matin environ, et le jour allait bientôt paraître, quand le postillon arrêta ses chevaux pour les laisser souffler, avant de leur faire gravir une côte longue et rapide que nous avions à traverser, pour redescendre dans les gorges d'Ollioules. Tout à coup, une voix lente et plaintive se fit entendre à nos côtés :

« — La charité, pour l'amour de Dieu, mes bons messieurs et mes bonnes dames ? La charité, s'il vous plaît ?

« C'était un vieux mendiant, qui fit le tour de la diligence en implorant notre charité dont il reçut quelques aumônes. Puis, il régla son pas sur celui des chevaux qui montaient péniblement la côte, et, d'une voix toujours lente et plaintive, il entonna une vieille complainte, qui, je m'en souviens encore, se terminait par ces deux vers :

> Morte par un grand crève-cœur
> Ou bien par l'eau de la rivière !

« Arrivé au sommet de la montagne, le postillon fit une nouvelle halte, et, là, il me sembla voir — car l'aube paraissait à peine — une ombre se glisser, comme par enchantement, à travers les buissons qui bordaient la route. Puis, tout à coup, les chevaux de la diligence dilatèrent bruyamment leurs naseaux et se mirent à pousser des hennissements, auxquels, de l'autre côté de la futaie, le hennissement d'un cheval répondit. Je cherchai des yeux le mendiant... il avait disparu.

« — Voilà qui est étrange ! pensai-je, et si les bandits existent, ce mendiant est sûrement leur espion.

« La diligence descendit rapidement le versant opposé de la montagne qui aboutissait aux gorges et s'engagea bientôt dans les sables blancs d'une route étroite, surmontée d'une falaise qui la dominait de 100 pieds de haut.

« — Ou je me trompe fort, ou voici enfin les gorges d'Ollioules, fit le lieutenant de vaisseau qui s'était penché à la portière et regardait la route.

« — Cet endroit ressemble, en effet, à un coupe-gorge, répondit le capitaine de frégate, en armant ses pistolets.

« — Tiens, tiens, continua le lieutenant, qui n'avait pas quitté son poste d'observation, je vois une ombre sur la route... j'en vois deux, maintenant; trois, quatre, cinq...

« — Quand aura-t-il tout vu ! grommela le capitaine, avec une réminiscence du *Petit-Jean* des *Plaideurs*.

« — Six, sept, huit ! Diable ! si mes yeux ne me trompent pas, la réserve devra marcher.

« — Rentrez, rentrez, et reprenez votre place ! lui cria le capitaine d'un ton impératif. Asseyez-vous, préparez vos armes, et plus un mot !

« A peine achevait-il de parler qu'une voix brutale intima l'ordre au postillon d'arrêter ses chevaux. La diligence s'arrêta.

« Quel silence !

« Puis, un homme armé, la figure barbouillée de suie, se présenta à notre portière, l'ouvrit et se pencha pour dérouler le marchepied. Comme il se relevait, un coup de feu partit, l'homme chancela et roula dans la poussière. C'était le bandit, que le capitaine avait atteint en pleine poitrine. Ce dernier, sitôt qu'il eut déchargé son arme, s'élança sur la route suivi du lieutenant de vaisseau. Nous entendîmes cinq ou six coups de feu, un bruit de cris confus ; des hommes poursuivis passaient en courant. Puis, le capitaine de frégate revint à nous et remonta tranquillement dans la voiture.

« — Il y en a quatre à terre et qui ne se relèveront plus, dit-il, en reprenant sa place. Les autres, dont plusieurs sont blessés, ont pris la fuite et je crois qu'ils se souviendront de la leçon. En route, maintenant, postillon, cria-t-il en se penchant à la portière, en route !

« La leçon ne fut pas perdue, en effet, acheva le vieillard en terminant son récit, car pendant assez longtemps on n'entendit plus parler d'attaques nocturnes aux gorges d'Ollioules. Mais ce n'est, réellement, qu'à partir de la construction du chemin de fer que, par suite de l'accroissement de la population, les bandits disparurent tout à fait. Il n'en est plus question de nos jours. »

. . . .

Dans les environs des gorges d'Ollioules, se trouvent les *grès de Sainte-Anne* que l'on va visiter et que George Sand décrit ainsi : « Ce sont des amas d'un sable très légèrement cohérent, qu'une croûte plus ferme a maintenus en boules pétries et mêlées ensemble à leur base. Ce rempart, qui a de 200 à 300 mètres d'élévation, semble s'être arrêté et coagulé entre deux remparts plus solides et plus anciens, formés par un redressement calcaire, dernier pli des grands calcaires d'Ollioules. Un cataclysme postérieur a emporté une partie du sable et creusé une étroite et profonde vallée entre les deux parois de l'arête restée debout. Cette arête de grès tendre, adossée au calcaire qu'elle empâte et qu'elle cache en partie, offre, sur un de ses flancs, les accidents les plus fantasques. L'infiltration des pluies, par d'invisibles fissures, a creusé la roche en mille endroits, et des niches arrondies, tantôt en arcades surbaissées, tantôt en cellules profondes, comme les alvéoles d'une ruche colossale, criblent la montagne, du haut en bas et sur tous les plans. Autour de ces buttes et le long de ces murailles ébréchées, le terrain s'est aplani et comme nivelé sous un détritus de sable fécond, et l'on s'y promène littéralement parmi des tapis de fleurs, sur des sentiers d'un sable fin, sec et blanc, que la pluie a formés avec ce mouvement fantaisiste dont la main de l'homme ne saurait égaler la souplesse (1). »

La Seyne, sœur industrielle de la Ciotat, doit toute son importance à la Société des Forges et Chantiers de la Méditerranée, qui a établi là un des plus grands chantiers de constructions navales qui existent au monde. Il n'est personne qui n'ait entendu parler de cette puissante Société qui construit des navires non seulement pour le gouvernement français, mais pour les nations étrangères. A 5 kilomètres de la Seyne, c'est *Toulon* ; après Marseille, le grand entrepôt de la marine marchande, le port national et l'arsenal de la marine de guerre.

(1) *Tamaris*, déjà cité.

CHAPITRE V.

TOULON.

L'origine de Toulon, suivant un document provençal inséré dans les *Mémoires de Trévoux*, serait beaucoup plus ancienne encore que celle de Marseille. Ce document le fait remonter à l'an 1642 avant-Jésus-Christ, et affirme que son nom a pour étymologie *Telonium*, mot latin qui signifie banque, échange, commerce. Ce dont on est plus certain, d'après l'itinéraire maritime d'Antonin, itinéraire authentique, dont la rédaction date du deuxième siècle, c'est qu'à l'époque de la domination romaine, Toulon s'appelait *Telo*, les Romains y ayant élevé un temple en l'honneur de Mars et ayant donné à la ville le nom de *Telo-Martius*.

Peu de cités eurent autant de vicissitudes par suite des invasions continuelles des Sarrasins dans le midi de la France et, pendant près de trois siècles, Toulon est rayé en quelque sorte de l'histoire. Puis, après bien des fortunes diverses, ce n'est qu'au commencement du quatorzième siècle qu'il reçut de Robert, comte de Provence et roi de Naples, ses premiers privilèges d'administration communale; et ce fut en 1481 que, par testament, il fut réuni à la France.

Louis XII est le premier roi qui, ayant apprécié tous les avantages que présentait sa situation, au point de vue de la défense maritime, fit exécuter d'importants travaux de fortification, travaux qui furent repris et continués par François Ier. Mais du règne de Louis XIV, seulement, date le commencement de la grandeur de cette cité. Le roi Soleil ayant confié à Colbert, son surintendant des finances, le soin de réorganiser la flotte française, celui-ci dépêcha Vauban à Toulon, avec l'ordre d'en faire le premier port militaire et le premier arsenal du royaume. En effet, ne fallait-il pas de nouveaux chantiers et de nouveaux bassins pour construire et mettre à l'eau les escadres que demandait le roi, et qui devaient être illustrées, un jour, par les Tourville, les Vivonne et les Duquesne. Vauban tripla la superficie qu'occupait la ville, agrandissant les quais, construisant des magasins, des entrepôts, creusant une darse nouvelle dans les marais de Castigneau, et, enfin, construisant, d'après le système qui a rendu son nom célèbre, toutes les fortifications qui, depuis lors, firent de Toulon la place forte que l'on sait. Et c'est de ce port ainsi transformé que Duquesne partit pour aller anéantir la piraterie tripolitaine, puis, une seconde et une troisième fois, pour aller bombarder Gênes et Alger.

Les deux sièges que Toulon eut à soutenir, l'un au commencement, l'autre à la fin du dix-huitième siècle, sont les annales les plus glorieuses de cette ville. Le journal du siège de 1707, conservé précieusement aux archives de Toulon, est une lecture des plus attachantes et des plus patriotiques.

En cette année de 1707, l'Allemagne, l'Angleterre, la Hollande et la Savoie avaient formé une coalition contre la France. Les alliés envahirent la Provence par mer et par terre, et naturellement le port de Toulon devint leur objectif, car, une fois en leur pouvoir, ce port devenait la base de leurs opérations. Le prince Eugène et le duc de Savoie franchirent le Var, pendant que la flotte anglo-hollandaise occupait la Méditerranée. Cette flotte se composait de quarante-six vaisseaux de ligne, suivis de vingt-neuf brûlots, et elle commença les hostilités en bombardant la ville. Mais les Toulonnais étaient résolus à lutter jusqu'au dernier moment, et leur résistance fut héroïque. Les riches apportèrent leur argent; les pauvres, leurs bras et leur sang. On cite l'intendant général des finances d'alors, qui engagea sa fortune personnelle et porta à la fonte son argenterie et celle de sa famille. Les rues furent dépavées, les maisons fortifiées, et le journal du siège rapporte que la ville ressemblait à « une foire aux canons ».

Cependant l'inactivité d'un rôle passif fatiguait le caractère vif et impétueux des Toulonnais. Le bombardement avait eu pour résultat de détruire ou d'endommager cinq cents ou six cents maisons, et c'est tout. Les troupes de débarquement ne paraissaient pas. Les habitants résolurent alors d'aller à l'ennemi et firent des sorties terribles. Les Impériaux, harassés par ces sorties continuelles, battus sans cesse et découragés, évacuèrent précipitamment toute la Provence ; la flotte ennemie reprit le large, poursuivie par le corsaire Cassard, qui, parti de Toulon avec une petite escadre, fit sur les Hollandais des prises considérables. Toulon était délivré, et, grâce à ses habitants, le commerce de la Provence et la marine de la Méditerranée étaient sauvés.

Le second siège de Toulon, qui est beaucoup plus proche de nous, n'est pas encore effacé de toutes les mémoires. Il eut lieu en l'année 1793, et ce fut une armée française, qui, cette fois, vint assiéger la ville que des royalistes, égarés par le fanatisme politique, avaient livrée aux Anglais, toujours prêts, comme chacun le sait, à profiter perfidement de nos discordes civiles. L'amiral Hood, commandant en chef les forces britanniques, espagnoles et piémontaises, était maître de la place et de toutes ses fortifications. Cinq mille hommes occupaient la ville, dix mille hommes tenaient les forts environnants, et un corps de débarquement était prêt sur les navires anglais et attendait l'ordre d'atterrir.

« Dans un conseil de guerre qui fut tenu alors par les chefs de l'armée assiégeante, écrit Thiers, le grand écrivain de l'*Histoire de la Révolution française*, se trouvait un jeune officier d'artillerie nommé Bonaparte. Ce jeune officier, à l'aspect de la place, fut frappé d'une idée qu'il communiqua au conseil. Le fort de l'Éguilette, placé à l'extrémité du promontoire, fermait la rade où mouillaient les escadres coalisées. Ce fort occupé, les escadres ne pouvaient plus mouiller sous la ville sans s'exposer à y être brûlées ; elles ne pouvaient pas, non plus, y laisser une garnison de quinze mille hommes, sans communications, sans secours, et tôt ou tard exposée à mettre bas les armes. Il était donc présumable que, le fort de l'Éguilette une fois en possession des républicains, les escadres et la garnison évacueraient ensemble Toulon. Ainsi la clef de la place était au fort de l'Éguilette ; mais ce fort était presque imprenable ; on le désignait dans l'armée sous le nom de « Petit Gibraltar ». Le jeune Bonaparte soutint fortement son idée comme la plus appropriée aux circonstances, et réussit à la faire adopter. »

En conséquence, dans la nuit du 18 décembre, par un orage épouvantable — les éléments eux-mêmes favorisaient déjà Bonaparte — une colonne, commandée par un capitaine d'artillerie nommé Muiron, pénètre dans le fort de l'Éguilette. Les soldats sautent dans les embrasures et s'emparent des canons, et le lendemain, au jour, le drapeau tricolore flottait sur les hauteurs de l'Éguilette et de Balaguier. Dans toutes leurs tentatives pour reprendre cette position, les Anglais furent repoussés avec de grandes pertes, et l'escadre, menacée d'être coulée sur place, n'eut d'autre parti à prendre que de lever l'ancre et de gagner le large. Les forts environnants furent également évacués à la hâte, et Toulon fut rendu à la France.

Aujourd'hui, cette place est un de nos trois grands ports militaires. Sa population qui, en 1840, était de 60 000 âmes, a considérablement augmenté, puisque le dernier recensement de 1891 a donné le chiffre de plus de 100 000 habitants.

Dans notre étude sur Marseille, nous n'avons fait qu'esquisser, ainsi qu'on a pu le voir, la question maritime, cette question ne nous paraissant présenter d'intérêt que pour les arma-

LA RADE DE TOULON

VUE PANORAMIQUE PRISE DU MOURILLON

teurs et les compagnies transatlantiques. Il ne peut en être de même pour Toulon, qui est une place forte et qui peut être appelé, un jour, à jouer un très grand rôle dans l'histoire de notre défense nationale. Disons d'abord que les montagnes escarpées qui dominent la ville au nord, à l'est et à l'ouest, sont des bastions naturels qui constituent toutes les qualités requises par les exigences de la défense moderne. En outre, depuis 1883, on a fait, du côté de la terre, des travaux qui ont transformé cette place en un véritable camp retranché. La ville, la rade, les bassins, l'arsenal, sont protégés par une falaise verticale de 600 mètres de hauteur, et de partout émergent des batteries et des redoutes, dont les constructions semblent faire partie de la falaise elle-même.

Le port de Toulon, situé au milieu d'un golfe magnifique, se divise en deux parties distinctes : la grande et la petite rade. La première est, en quelque sorte, l'avant-port de la seconde, et elle a 3 kilomètres d'étendue. L'entrée et la sortie des navires sont donc des plus faciles.

La petite rade, creusée jusqu'à la profondeur de 10 mètres, est un immense bassin fermé, à l'abri de la houle du large, et qui communique avec les darses et l'arsenal.

Cette heureuse situation a été encore complétée, tout récemment, par la fermeture de la grande rade elle-même, au moyen de trois jetées gigantesques qui s'enracinent à la côte et sont protégées, du côté de la haute mer, par un redoutable brise-lames. La grande rade est donc devenue, ainsi que la petite, un bassin fermé dans lequel on ne peut pénétrer que par deux passages sinueux, larges de 400 mètres. Ces passages, qui peuvent être semés de torpilles, sont, en outre, protégés par toutes les batteries de la côte.

On voit ainsi combien sont excellentes les conditions topographiques de Toulon, et il ne sera pas facile, désormais, à une flotte ennemie de forcer l'entrée du port.

Quant au port marchand, dont le mouvement commercial est d'environ 60 000 tonnes, il se compose de deux bassins : la darse vieille et le port de la Rode, qu'il partage avec la marine de l'État. La darse neuve est entièrement réservée à la flotte de guerre. A l'entrée de la darse neuve est ancrée *l'Amirale,* frégate qui

LE VIEUX PORT DE TOULON.
DESSIN DE E. BOUTIGNY.

porte le pavillon du préfet maritime et qui est chargée d'annoncer, matin et soir, par un coup de canon, l'ouverture et la fermeture du port.

L'*arsenal*, construit en 1680 sur les plans de Vauban, occupe une superficie de 5 kilomètres carrés. Les divers établissements qui le composent ont coûté plus de 100 millions. On entre dans l'arsenal par une porte monumentale élevée en 1738, décorée de quatre colonnes doriques d'un seul morceau de marbre, et de deux statues allégoriques : *Mars et Minerve*. Un vestibule précède l'avenue où d'un coup d'œil on embrasse, à droite, la corderie et les ateliers de grande forge ; à gauche, le pavillon de l'horloge et la darse neuve où sont ancrés les navires de guerre. La corderie est une galerie voûtée, longue de 320 mètres. Là, des machines à vapeur fonctionnent du matin au soir. Les matières premières se transforment, sous les yeux en quelque sorte, en câbles goudronnés, ou en firelins d'une exécution parfaite. Après la corderie, on peut visiter l'atelier des forges, de zingage et de tôlerie. Un marteau-pilon du poids de 1500 kilogrammes, mû par la vapeur, monte et descend, prêt à aplatir ou à redresser les ustensiles endommagés qu'on lui présente. Les réparations des vaisseaux sont faites dans les cales de l'arsenal du Mourillon.

Quant au magasin général, c'est l'entrepôt de toutes les matières premières nécessaires à l'arsenal, et de celles que l'on doit embarquer sur les navires.

La salle d'armes est un véritable musée. On y arrive par un vaste escalier. La porte d'entrée est supportée par deux belles cariatides, et surmontée d'un fronton sculpté par Puget. Dans les galeries, deux figures allégoriques, *Bellone* et *la Renommée*, ainsi que les statues de Forbin, Jean Bart, Suffren et Tourville, sont attribuées au même grand sculpteur. A l'extrémité du quai se trouvent les bassins de radoub dont chacun est fermé par un bateau-vanne. On le vide au moyen d'une machine à vapeur installée dans le voisinage, et la cale du navire se trouvant ainsi presque immédiatement à sec, on peut facilement réparer sa carène. C'est Duquesne, dit-on, qui eut l'idée de cette innovation, pour éviter l'abatage qui fatiguait considérablement l'armature des vaisseaux.

Le bagne de Toulon, établi en 1642, a été définitivement supprimé en 1873. Les forçats qu'il renfermait, ainsi que leurs gardes-chiourmes, ont été dirigés sur nos colonies pénitentiaires de Cayenne et de la Nouvelle-Calédonie.

L'arsenal maritime de Toulon occupe, d'habitude, dix mille ouvriers, y compris le personnel de l'arsenal de Castigneau, bâti sur pilotis, et qui fait suite au premier.

Toulon est une ville gaie. Ses rues sont, en général, étroites, mais propres et assez bien pavées. L'une d'elles, le cours Lafayette, qui descend au port, présente cette particularité que le trottoir destiné aux piétons et bordé de deux rangées d'arbres occupe le milieu de la chaussée, tandis que, sur les bas côtés qui sont pavés, passent les lourdes voitures ébranlant les maisons et effleurant les devantures et les auvents des boutiques.

Toulon possède quelques édifices remarquables, qui méritent une description particulière. C'est d'abord l'ancienne cathédrale de *Sainte-Marie-Majeure*, située sur une petite place plantée d'arbres. Elle a été bâtie vers la fin du onzième siècle dans le style roman, restaurée en 1119 et 1154 dans le style ogival, puis agrandie successivement en 1609 et 1660. Sa façade, mutilée à l'époque la plus désastreuse de la première Révolution, en 1793, et restaurée depuis, présente deux colonnes d'ordre corinthien supportant un fronton triangulaire à double saillie. Le clocher construit ultérieurement, vers 1740, se compose d'une grosse tour carrée adossée à l'église. A l'intérieur, Sainte-Marie-Majeure présente trois nefs inégales dont l'ornementation appartient au style gothique. Le maître-autel, en marbre gris, est orné d'un bas-relief attribué à deux élèves de Puget. Il représente l'*Ensevelissement de la Vierge*. Parmi les tableaux de maîtres que possède cette église, on s'arrête devant le *Triomphe de l'Eucharistie*, par J.-B. Vanloo; devant *Melchissédec bénissant Abraham*, d'après Raphaël, par le peintre marseillais Achard. Dans la chapelle de la Vierge, on remarque deux belles toiles, l'une de Mignard, *l'Assomption*; l'autre, une *Vierge du Carmel*, par le Flamand Dalméric. La chaire à prêcher est l'œuvre du sculpteur toulonnais Louis Hubac.

Vient ensuite l'église *Saint-Louis*, située dans

la rue de ce nom, et qui est précédée d'une cour plantée d'arbres et ornée de deux calvaires avec rochers et jets d'eau. L'entrée principale offre un péristyle formé de quatre colonnes d'ordre toscan. L'intérieur de l'édifice est divisé en trois nefs par des colonnes doriques en pierre blanche de Cassis. Dix colonnes corinthiennes en stuc supportent une rotonde éclairée par le haut et sous laquelle s'élève le maître-autel. Cette église possède un *Saint Sébastien* attribué à Rubens, et une *Sainte Famille* de Vanloo.

Les autres curiosités de la ville sont l'église *Saint-François de Paule*; la *Maison de ville*, ornée de deux belles et grandes cariatides par Puget, et de bustes représentant *les Quatre Saisons*, par Louis Hubac; la statue colossale de bronze qui représente *le Génie de la navigation* et qui est élevée sur le quai, en face de l'hôtel de ville; le *Nouveau Théâtre*, bel édifice surmonté d'un fronton dont les figures sont dues au ciseau de Klagmann. Deux autres statues, ciselées par M. Daumas, représentent *la Comédie* et *la Tragédie lyrique*. Ce théâtre a coûté 2 millions et peut contenir deux mille spectateurs. Le *Musée,* qui renferme environ deux cents tableaux, parmi lesquels plusieurs sont attribués à des maîtres ; la *Tour carrée du Mourillon,* du haut de laquelle on découvre un panorama magnifique ; le nouveau *Palais de justice,* et, enfin, le *Jardin botanique* et le *Lycée.*

Les excursions recommandées sont les jardins de Saint-Mandrier, et si les ascensions ne vous effraient pas trop, celles du Faron et du Coudon, deux nids d'aigles d'où l'on peut distinguer, à vol d'oiseau, non seulement la ville de Toulon, son port et ses annexes, mais encore le cap Sicié, le cap Roux, les îles d'Or, la Seyne, Saint-Nazaire, Bandol, etc., etc. C'est une visite d'adieu qu'avant de partir on peut faire au port, à la ville et à ses environs.

CHAPITRE VI.

HYÈRES.

Le golfe de Giens et la rade d'Hyères sont, pour ainsi dire, le prolongement du port de Toulon, au point de vue maritime. C'est dans la rade d'Hyères que l'escadre de la Méditerranée prend son mouillage, ses positions, et qu'elle exécute ses opérations d'embarquement et de débarquement, ses évolutions et ses exercices à feu. Nous avons dit que Toulon était abrité, du côté de la terre, par des falaises de 600 mètres de hauteur que l'on appelle le Faron et le Coudon. En face de ces falaises et de l'autre côté d'une vallée, s'élève la chaîne boisée *des Maures*, qui borde le littoral. Cette chaîne de montagnes commence à Hyères et se termine à Sainte-Maxime, à la pointe du golfe de Fréjus.

C'est dans cette vallée, entre ces falaises et ces massifs boisés, que s'étend la plaine d'Hyères. Le chemin de fer de Paris à Nice ne passe pas en vue de cette plaine, et c'est par un embranchement, qui part de la station la Pauline, que les voyageurs se rendent au pays des orangers. Hyères, dont le nom signifie *heureuse*, a longtemps été la favorite de la mode, et nombre de touristes s'y rendent encore dans l'intérêt de leur santé. Mais, au fur et à mesure que la Provence a été mieux connue, Hyères, comme station d'hiver de la Méditerranée, a vu s'élever et prospérer de nombreuses rivales.

Nice, Cannes, Menton, San-Remo, Saint-Raphaël partagent aujourd'hui avec elle la faveur du public.

De même qu'à Marseille il y a la vieille ville et la ville neuve, de même, à Hyères, on distingue la ville haute de la ville basse. Cette dernière est moderne. On retrouve, de l'ancienne, les ruines d'un château féodal, ruines qui disparaissent aujourd'hui sous le lierre et les plantes grimpantes. On retrouve, également, quelques vestiges du mur d'enceinte qui l'entourait. On voit encore deux portes, de forme ogivale, et assez bien conservées, qui devaient être les portes d'entrée, soit du château fort, soit de la vieille ville qui n'offre plus, mainte-

LA PLACE DES PALMIERS A HYÈRES.
DESSIN DE L. BRETON.

nant, qu'un dédale de ruelles étroites, malsaines et assez misérablement habitées.

La ville nouvelle, formant une succession de jardins et de villas qui s'étagent de terrasses en terrasses, est située dans cette plaine fertile que l'on a surnommée *le Jardin d'Hyères* Abritée des vents du nord, et du nord-ouest qui apporte toujours avec lui le mistral, elle n'en reçoit que de faibles atteintes à travers les gorges étroites de la vallée du Gapeau et du mont Fenouillet; cependant la douceur de son climat n'est pas plus constante et plus uniforme que dans les autres parties de la province méridionale, où le voisinage de la mer amène souvent de brusques changements de température sous les coups inattendus et violents du mistral ou du vent d'est. — « Oh! ce mistraò, disent les pêcheurs dans leur langue imagée, il arrive toujours sur vous l'épée haute! »

Du temps où vivaient Catherine de Médicis et son digne fils Charles IX, la Provence se terminait à Hyères; Cannes, Nice et Menton étant presque inconnues de la France. Tous deux, paraît-il, y sont venus en octobre 1564, accompagnés du duc d'Anjou et du roi de Navarre.

Les chroniques rapportent même que Charles IX, son frère et le roi Henriot, se tenant tous les trois par les mains, et en formant un cercle, ne seraient pas parvenus à embrasser le tronc d'un oranger. Je soupçonne le chroniqueur d'alors d'être né sur les bords de la Garonne. Cependant, comme à cette date les trois princes étaient trois enfants, le fait, à la rigueur, peut être vrai : Charles IX avait alors quatorze ans; Henri de Béarn, onze ans, et le duc d'Anjou, douze ans.

La nature nous réserve souvent de ces surprises, celle, entre autres, de la vallée de Calaveras, en Californie, qui renferme six cent douze arbres géants, les *Wellingtonia gigantea,* dont le plus beau, le *Grizzly*, a 110 mètres de hauteur et 11 mètres de diamètre.

Mais ces géants ne sont pas des orangers, et ceux-ci, même aux îles Canaries, même à Madère, n'ont jamais approché de la circonférence que le chroniqueur de 1564 veut bien accorder aux orangers de la vallée d'Hyères. Cette exagération rétrospective n'enlève rien à la réputation de la flore de cette vallée, qui est incontestable. « L'agriculture, a dit un grand économiste, c'est l'eau et le soleil. » Or, par sa situation et son exposition, cette plaine, riche des alluvions du Gapeau, reçoit directement les rayons du soleil, et devient ainsi une petite Provence asiatique, au milieu de la Provence. La rue principale de la ville basse ou aristocratique occupe l'emplacement de l'ancienne route qui longeait les remparts. C'est là que se trouvent les deux portes ogivales dont nous avons parlé, et que l'on appelle porte *des Salins* et porte *Fenouillet*. Cette rue, ou plutôt ce boulevard où sont situés les plus beaux hôtels et les plus riches villas, mesure une longueur de 2 kilomètres.

Une nouvelle avenue parallèle à ce boulevard est bordée de palmiers et de constructions modernes. Deux belles places s'offrent aux regards, chemin faisant, la place des Palmiers et la place de la Rade.

Les principaux édifices qui appellent l'attention sont l'église *Saint-Louis*, qui date du treizième siècle; l'église *Saint-Paul*, située dans la ville haute, sur une plate-forme à laquelle on accède par un escalier de la Renaissance ; l'*Hôtel de ville*, qui est une ancienne commanderie de l'ordre des Templiers, et en face duquel s'élève, sur une colonne, le buste de Massillon, qui naquit à Hyères ; sur une autre place s'élève aussi la statue en marbre de Charles d'Anjou, par Daumas. Le *Jardin public*, planté d'orangers, de palmiers, de dattiers, de lauriers-roses, etc., etc., mérite également une visite. Une des plus jolies villas d'Hyères, située en haut de la ville et construite sur un rocher, appartient à Ambroise Thomas, l'illustre auteur de *Mignon* et d'*Hamlet*.

Quant aux légendaires forêts d'orangers qui croissaient en pleine terre du temps de Charles IX, il n'en reste guère de traces. Il est vrai que des coups de vent désastreux, et des hivers d'une rigueur exceptionnelle ont fait périr la plus grande partie de ces plantations. Depuis lors, après de nombreux essais, une sorte de maladie, une espèce d'oïdium est venue s'abattre sur les orangers. Feuilles et fleurs, branches et tiges se desséchaient progressivement, et l'arbre mourait. « Notre terre ne veut plus d'orangers », ont dit les habitants d'Hyères, et aux orangers ils ont substitué les pêchers en espaliers, qui garnissent aujourd'hui les murs de toutes les terrasses. Les fruits en sont excellents et peuvent rivaliser avec les pêches renommées de Montreuil.

Les vins d'Hyères sont assez estimés et il s'en fait un important commerce. Les primeurs de toute espèce sont également recherchées par Toulon et Marseille, bien que, depuis que nos paquebots font en vingt-quatre heures le trajet de Marseille à Alger, les primeurs de l'Algérie aient fait à celles d'Hyères une redoutable concurrence.

Un but d'excursion agréable, rapproché et facile, est une visite à la chapelle de *l'Ermitage.* La route qui y conduit ressemble à une allée de jardin, traversant des villas odoriférantes et de luxuriantes plantations. De la terrasse de cette chapelle se déroule un magnifique panorama enveloppant la ville, les ruines de l'ancien château, les îles et la mer. Une forêt de pins, que l'on traverse, conduit de là au vallon de *Costebelle,* qui mérite son universelle renommée.

C'est dans ces environs que se trouvent les

ruines de la ville gallo-romaine de Pomponiana. « Les fouilles commencées en 1843, dit M. Élisée Reclus, ont mis au jour des maisons, des murailles d'enceinte, des fresques, des fragments de sculptures, des marbres, des vases, des ustensiles. Les débris les plus importants sont ceux d'un *castellum,* de plusieurs aqueducs, d'un quai, et de bains dont les substructions s'avancent jusque dans la mer. »

Les îles d'Hyères se composent de trois îles principales (les anciennes *Stæchades* des Grecs), dont la première et la plus importante est l'île de Porquerolles, qui a 8 kilomètres de longueur sur 2 kilomètres de large ; vient ensuite l'île de Porteros, qui n'a que 4 kilomètres d'étendue sur 2^k,500 de largeur ; enfin l'île du Levant ou du Titan, qui a la même superficie que Porquerolles et passe pour être la plus remarquable des îles de l'archipel, en raison de ses curiosités minéralogiques.

CHAPITRE VII.

DE TOULON A FRÉJUS.

La distance qui sépare Toulon de Saint-Raphaël est de 95 kilomètres, et la route que l'on suit aujourd'hui est la voie du chemin de fer. Cette voie qui, de Marseille à Toulon, avait toujours longé le littoral, s'en sépare à la Garde, la première station, pour entrer dans l'intérieur des terres, et l'on ne revoit plus les golfes de la Méditerranée qu'à partir de Saint-Raphaël. On met deux heures et demie par les express et quatre heures et demie par les trains omnibus, pour franchir cette distance de 95 kilomètres. Il est vrai que, sur ce parcours, les stations sont nombreuses ; car, sur l'itinéraire, on n'en rencontre pas moins de seize. La première est *la Garde*, petite ville que domine encore un château en ruines bâti sur une colline et qui datait, nous dit-on, du seizième siècle. Vient ensuite *la Pauline*, qui n'offre aucune particularité remarquable et n'a d'autre importance que d'être l'embranchement qui conduit à Hyères, située à 10 kilomètres de là.

La Farlède, où l'on s'arrête ensuite, est un bourg d'un millier d'âmes qui ont pour voisins les habitants de *Solliès-ville* où les curieux peuvent aller voir un buffet d'orgue du quinzième siècle. *Solliès-pont*, à cheval en quelque sorte sur les deux rives du Gapeau, renferme 3 000 habitants et peut offrir aux visiteurs une fort belle église, mais d'architecture moderne.

Cuers, où s'élève une ville très peuplée — 3 800 habitants — est un chef-lieu de canton, situé sur le ravin de la Foux, au pied d'une colline dominée par une chapelle. Cette ville entretient un commerce assez considérable et assez suivi d'huiles d'olive avec les grandes cités du littoral.

Puget-ville, au pied d'une colline surmontée d'une tour d'observation, s'étend dans une vallée plantée d'oliviers. Dans l'ancien village de Puget, on a conservé une chapelle du moyen âge, dite de *Sainte-Philomène*, où chaque année, au mois de mai, tous les gens des environs se rendent en pèlerinage. On s'arrête ensuite à *Carnoules*, bourg de 1 600 habitants, où se trouve l'embranchement de la ligne d'Aix par Brignoles. Cette dernière ville, bien que située dans l'intérieur des terres, et par conséquent en marge de notre itinéraire, a cependant une trop grande importance pour qu'il soit permis de ne pas en parler.

Assise dans une très belle situation, sur le penchant d'une colline, *Brignoles* domine un bassin des plus fertiles dominé lui-même par de grandes montagnes boisées, et arrosé par la petite rivière du Caramy. Elle est assez bien distribuée, et offre plusieurs places publiques plantées de beaux arbres et décorées de belles fontaines. L'orme de la place Caramy compte, paraît-il, huit à neuf cents ans d'existence. C'est l'ancien palais des comtes de Provence qui est devenu l'hôtel de la sous-préfecture d'aujourd'hui. On va visiter à Brignoles une maison du douzième siècle, parfaitement conservée, avec fenêtres à colonnettes, ainsi qu'une ancienne propriété des Templiers occupée actuellement par le séminaire. Cette ville regardée, à juste titre, comme la seconde capitale de la Provence, vit se réunir neuf fois dans ses murs les États du comté. Par suite de son importance, elle fut souvent l'objectif des différents partis qui déchirèrent la Provence, à l'époque des guerres civiles du seizième siècle. Elle fut prise et saccagée en 1535 par Charles-Quint, et le duc d'Épernon s'en empara en 1595.

On raconte que telle était la haine que ce duc inspirait aux Provençaux, qu'un simple paysan imagina de se défaire de lui au moyen d'une machine infernale. A cet effet, il remplit de poudre deux grands sacs d'où sortait une longue ficelle, qu'il devait suffire de tirer pour faire partir l'artifice. Il apporta les sacs dans la maison habitée par le duc, et comme celui-ci était à table, entouré de convives, il plaça ses deux sacs immédiatement au-dessous de la salle à manger, les appuyant contre le mur qui en soutenait le plancher. L'explosion eut lieu, fit sauter le plancher et aurait causé les plus grands ravages, si les portes et les fenêtres de la salle à manger n'eussent été ouvertes, donnant ainsi une libre issue à la colonne d'air déterminée par l'explosion. Le duc d'Épernon fut légèrement blessé et eut la barbe et les cheveux brûlés. Les convives, enveloppés comme lui de flammes et de fumée et entraînés dans la chute du plancher, en furent quittes également pour quelques blessures ; mais aucun d'eux ne fut tué.

Cet attentat qui eut lieu un samedi fut attribué à quelque fanatique de la religion réformée. On en accusa le parti des protestants. Le duc le crut ou feignit de le croire, et comme les mèches que l'on emploie pour mettre le feu aux mines sont appelées *saucisses* : « Mes ennemis, dit-il, ont voulu me faire manger de la saucisse un samedi, mais ils ont vu que j'étais trop bon chrétien. » Le mot eut du succès ; mais les Provençaux, qui étaient grands partisans de Henri IV, répondirent que s'il s'estimait trop bon chrétien pour manger de la saucisse un samedi, il n'en voulait pas moins manger la Provence et les Provençaux tous les jours de la semaine.

Aujourd'hui Brignoles renferme 5700 habitants. Elle possède un tribunal de première instance et une chambre de commerce. Son industrie consiste en fabriques de draps, de savons, de bougies, en tanneries, filatures de soies et distilleries d'eau-de-vie. Elle fait le commerce des vins, eaux-de-vie, liqueurs, huiles d'olive, oranges, et surtout de prunes et de pruneaux très renommés. Elle est la patrie de Raynouard et du peintre Parrocel.

Reprenons notre itinéraire, et revenons à Carnoules pour continuer notre route et nous arrêter à *Pignans*, qui est encore un lieu de pèlerinage où se réunissent les fidèles qui veulent se rendre à l'*Ermitage de Notre-Dame des Anges*, situé sur une colline d'où l'on embrasse un panorama superbe.

Nous passerons, sans nous y arrêter, la station de *Gonfaron* pour descendre, dix kilomètres plus loin, au Luc, chef-lieu de canton peuplé de 3000 habitants. *Le Luc*, durant le dix-septième siècle, fut une des trois communes de la Provence où les protestants eurent l'autorisation d'exercer leur culte en liberté. On va visiter les ruines d'une église qui date du treizième siècle, et un bas-relief en marbre, situé dans le jardin de l'hospice, qui représente une chasse au sanglier, et provient d'un sarcophage qui remonterait aux premiers temps de l'ère chrétienne.

Le Cannet-du-Luc renferme une église qui

date du dixième siècle et une chapelle creusée dans le roc, dite de *Saint-Michel-sous-Terre.*

Vidauban, qui succède au Cannet-du-Luc, est situé dans la riche vallée de l'Argens, que l'on traverse sur un pont de trois arches de trente mètres d'ouverture chacune. C'est à Vidauban qu'est situé le vieux château d'Astros, qui appartenait à la commanderie de l'ordre de Malte.

Nous arrivons maintenant aux Arcs où se trouve la bifurcation qui conduit à Draguignan, le chef-lieu du département. Puisque nous avons consacré un article à Brignoles, sous-préfecture, nous ne pouvons passer sous silence la préfecture du département du Var. En cela nous n'imiterons pas l'indifférence dédaigneuse et vraiment comique des pêcheurs du littoral qui, grisés par leur radieuse Méditerranée quand elle est irisée par les rayons du soleil, de *leur* soleil, professent un souverain mépris pour *les terriens*, car c'est ainsi qu'ils désignent les habitants de l'intérieur des terres. Me trouvant sur les bords du golfe Grimaud, et comme je manifestais le désir d'aller faire une visite au chef-lieu du Var : « Bou Diou (appuyez très longuement sur l'*i*), me dit un vieux loup de mer de l'endroit, et que voulez-vous aller faire chez ces terriens ? »

Il est certain que pour une jolie ville, non, *Draguignan* n'est pas jolie, jolie !

Elle s'élève cependant dans une charmante et fertile vallée que dominent des collines couvertes de vignobles et d'oliviers, et elle est égayée par de nombreuses et abondantes fontaines. « Le bassin de Draguignan, dit Girault de Saint-Fargeau, que le comte Chaptal nommait un grand jardin anglais, fait l'admiration des étrangers, surtout pendant l'hiver, parce que la verdure et la végétation continuelles des oliviers qui couvrent les collines environnantes, celles des cyprès, des lauriers et autres arbustes qui conservent leurs feuilles toute l'année et servent d'ornement à une multitude de bastides disséminées dans la campagne, charment agréablement la vue. La plaine offre de jolies promenades sur presque tous les points. Enfin, la beauté des alentours et la douceur du climat font de Draguignan un séjour délicieux. »

Il y a beau temps que Girault de Saint-Fargeau écrivait ce qui précède, et, ne lui en déplaise, les choses ont bien changé depuis.

Les bourgs et les villes du littoral ont été embellis de jour en jour, pendant que Draguignan devenait, chaque jour davantage, une ville industrielle. On n'y compte plus les usines et les fabriques que la rivière de Pis fait mouvoir, et sur les 9 800 habitants qui composent la population, la moitié, au moins, appartient à la classe ouvrière. Ce que la ville a perdu en pittoresque, elle l'a retrouvé en richesse matérielle, car les produits des établissements qu'elle abrite sont évalués à 9 millions de francs par an. Mais une cité livrée tout entière à l'industrie ne peut plus être appelée un séjour délicieux. A Draguignan, tribunaux de première instance et de commerce, collège communal, écoles normales d'instituteurs et d'institutrices, musée, bibliothèque, jardin botanique, caisse d'épargne, sociétés savantes, hospice, salles d'asile, etc., etc.

On voit que nous sommes loin du littoral; mais avant d'y retourner, il nous faut encore faire une petite incursion chez les terriens pour parler de *Lorgues*, jolie ville située à 11 kilomètres de Draguignan et qui est située sur la rive gauche de l'Argens. Sa population totale est de 4500 habitants. On y remarque une belle église moderne, une porte sarrazine bien conservée et un bel hôtel de ville. Les environs de Lorgues sont très pittoresques ; on va admirer la belle cascade de l'Argens en pénétrant dans une gorge où l'on voit le fleuve plonger du haut d'un rocher et ses eaux disparaître sur une longueur de 230 mètres. Le pont naturel de *Saint-Michel-sous-Terre*, l'ermitage de *Saint-Ferréol*, et la chapelle de *Notre-Dame-des-Salettes*, décorée de peintures à fresques du seizième siècle, sont aussi des buts d'excursions.

Retournons maintenant à la station des Arcs où nous avons pris l'embranchement qui conduit à Draguignan et à Lorgues.

Les *Arcs* sont, sans contredit, la plus jolie ville que l'on rencontre sur le parcours de Toulon à Saint-Raphaël. On y remarque de fort belles promenades, des sites ombreux, égayés par les méandres de l'Argens, aux eaux claires et rapides, dans lesquelles les habitants des Arcs et ceux du Muy, leurs voisins, viennent pêcher de grosses carpes dont ils se montrent très friands et qui, du reste, sont recherchées sur le marché de Draguignan.

C'est aux environs des Arcs que s'élève l'ancien monastère des chartreuses de la Celle-Roubaud, où se trouve la chapelle Sainte-Rossoline, qui renferme le tombeau en marbre blanc de cette sainte, née de Villeneuve, morte vers 1329.

Dans ce monastère, on signale encore à l'attention des visiteurs une *Descente de croix* en relief, et *la Nativité*, tableau peint sur bois au seizième siècle.

Le Muy, joli bourg de près de 3000 habitants, est situé au confluent de l'Argens et de la Nartubie, au point où celle-ci se jette dans le fleuve. Le nom assez étrange de Muy a, dit-on, pour étymologie le mot latin *modius*, mesure, parce que ce bourg fut longtemps, à l'époque gallo-romaine, l'entrepôt de toutes les graines de la Provence. Aux environs, une ancienne chapelle consacrée à la Vierge : *la Roquette*, et un ancien couvent de trinitaires.

Après le Muy, s'élève *Roquebrune*, bourg construit au pied d'un immense rocher, promontoire de la chaîne des Maures, que l'on voit de dix lieues à la ronde, point de repère du chasseur égaré dans l'Estérel, et d'où l'on embrasse, par un temps clair, un panorama qui s'étend des montagnes des Alpes aux montagnes de la Corse. On lui a donné le nom de Roquebrune ou plus communément de *la Roque*, pour indiquer sa hauteur et son étendue comparativement à *la Roquette du Muy*. Les sommets de la Roque se terminent par trois pics que l'on appelle les *Croix de Roquebrune*.

Le Puget de Fréjus, qui succède à Roquebrune, est, en quelque sorte, le faubourg ou la sentinelle avancée de Fréjus, dont il n'est distant que de 500 mètres. En patois, le mot *puget* signifie petite montagne ou colline. Le Puget de Fréjus pourrait donc se traduire par colline de Fréjus. Cette dernière ville est sinon la plus ancienne, du moins l'une des plus anciennes villes de la Provence, et comme l'intérêt qu'elle présente a trait surtout à son antiquité, nous lui consacrerons par la suite un chapitre spécial.

Nous avons dit qu'à partir de la Garde le chemin de fer de Paris à Nice quittait le littoral pour pénétrer dans l'intérieur des terres, et nous venons d'en donner, station par station, tout l'itinéraire.

Une autre voie ferrée, d'Hyères à Saint-Raphaël, a été ouverte au public le 4 août 1890.

Elle côtoie le littoral, et, à son gré, le touriste ne perdra plus de vue les golfes et les flots bleus de la Méditerranée.

Le nouvel itinéraire, dont la tête de ligne sera reportée à Toulon, comporte un parcours de 95 kilomètres. Le parcours du nouveau réseau aura donc 7 kilomètres de plus que celui de Paris-Lyon-Méditerranée ; mais il permettra au voyageur d'explorer la chaîne des Maures, une « des contrées les moins connues, et qui, extrême pointe méridionale de la France, est restée, jusqu'à ce jour, en dehors du grand courant de la civilisation ».

Que les nombreux voyageurs qui viennent, chaque hiver, retrouver le soleil et la santé sur les bords de la côte d'azur, pour lesquels l'ancienne route est familière et banale, se décident, après avoir visité Hyères, à prendre le chemin de fer du littoral, et je puis assurer à ces friands d'inconnu qu'ils croiront faire une petite excursion en Afrique en traversant les montagnes inexplorées des Maures, occupées si longtemps, jadis, par les Sarrazins qui avaient retrouvé, là, la configuration et le climat de leur pays (1).

La nouvelle ligne est à voie étroite, système qui, avec toute garantie de sécurité, permet des courbes d'un plus petit rayon et des rampes plus accentuées. Toutes les voies ferrées, dites d'intérêt local, sont établies sur ce modèle.

Nous avons compté seize stations sur la ligne

---

(1) C'est à M. Félix Martin, directeur de la Compagnie des Chemins de fer du sud de la France, que l'on doit cette voie nouvelle, aussi intéressante que pittoresque.

Sorti l'un des premiers de l'École polytechnique, c'est un homme qui voit grand et juste. Par sa création du chemin de fer du littoral, nous pouvons affirmer qu'il aura aussi bien mérité des habitants de ces contrées que des excursionnistes auxquels il a ouvert des horizons nouveaux. Pour mener son œuvre à bonne fin, il s'est adjoint des collaborateurs du premier mérite ; nous ne pouvons les citer tous, mais on nous permettra de nommer MM. Morandière et Bourgery.

On nous permettra également de remercier M. Henri Sauvecanne, ingénieur distingué, chef de la plus importante section du nouveau réseau, car c'est à son obligeance que nous devons les renseignements consignés ici.

ancienne ; le chemin de fer du littoral en a douze.

Laissant de côté les haltes, nous dirons quelques mots des stations qui, par leur situation ou leur passé, ne doivent pas rester inaperçues.

Après avoir quitté Hyères et avoir passé le

Bormes et les Maurettes.

Pradet, la première qui appelle l'attention est *Carqueyranne,* joli hameau situé sur le bord de la mer, qui fut dominé, jadis, par un château féodal, et eut l'honneur d'être habité par le célèbre historien Augustin Thierry. George Sand, dans son roman *Tamaris* que nous avons déjà cité, raconte qu'elle avait une prédilection marquée pour Carqueyranne, et qu'elle y faisait souvent d'assez longs séjours.

Après un arrêt à Hyères-Ville, nous arrivons à *la Londe,* gai hameau situé dans la vallée du Pansart, la dernière oasis des plaines.

La nature va changer, et nous allons entrer dans le pays des montagnes, les pins et les chênes-lièges sur nos têtes, les bruyères roses et blanches à nos pieds.

Après la Londe c'est *Bormes,* chef-lieu d'une commune de 2500 habitants. Bormes est admirablement situé sur le penchant d'une colline que des montagnes, plus hautes et groupées en hémicycle, abritent des vents du nord et du nord-ouest. Aussi la culture des primeurs y a-t-elle, comme à Hyères, une grande importance. On y voit encore les ruines de l'ancien château qui dominait le bourg, et qui trouva, pour le défendre, une héroïne : Suzanne de Villeneuve.

Vient ensuite *le Lavandou,* riant village de pêcheurs, s'étalant au soleil sur le bord de la mer et à la base de pittoresques collines couvertes de lavandes sauvages, étymologie du nom de Lavandou.

LE LAVANDOU.
DESSIN DE F. DE MONTHOLON.

A 3 kilomètres du Lavandou, on rencontre la ravissante petite plage de *Saint-Clair*. Encore inconnue hier, c'est certainement une des mieux situées et des plus pittoresques de la Provence.

Une des plus belles plages du littoral est cer-

Saint-Clair.

tainement celle de *Cavalaire*, que le mont Pradels domine d'une hauteur de 500 mètres. Cette baie ravissante était (c'est M. Lenthéric qui nous l'apprend), une des trois stations de la flotte, dans l'itinéraire maritime de l'empire romain, et sur son rivage s'élevait la ville d'Héraclée.

Vient ensuite *Gassin,* bourg de 800 habitants, bâti sur le sommet d'un promontoire. Dans les environs, qui sont d'un aspect sauvage et pittoresque, se trouve le château de la Molle qui a donné son nom à la rivière qui arrose la vallée.

Nous devons nous arrêter plus longtemps à *Cogolin,* situé au confluent de deux petites rivières, la Molle et la Giscle, car c'est un beau village très peuplé, très riche, aux rues propres et larges, aux promenades ombragées. On y remarque la *tour de l'Horloge* qui est le dernier vestige de l'ancien château fort, et une église du style de la renaissance. M. Charles Lenthéric nous apprend encore que l'on a retrouvé à Cogolin un petit monument funéraire en marbre blanc, qui paraît remonter à la plus haute antiquité.

Ses faces portent des bas-reliefs un peu frustes, mais on y distingue encore trois personnages, deux hommes et une femme, dont les draperies sobres et droites rappellent la plastique sévère des Hellènes. Une inscription permet de lire deux noms : ERMON et MNÉSILAS. Cette sculpture serait une épave de l'occupation phocéenne.

Après Grimaud et Sainte-Maxime, dont nous parlerons dans le chapitre consacré à Saint-Tropez, la route nouvelle, comme l'ancienne, aboutit à la même ville : Fréjus.

CHAPITRE VIII.

FRÉJUS.

On n'a aucun indice précis sur l'existence de Fréjus avant la conquête romaine. Nous avons rapporté, dans notre deuxième chapitre, que, lors de la guerre qui éclata entre César et Pompée, les Marseillais avaient embrassé la cause de Pompée. C'est évidemment de cette époque que date la création de Fréjus. Obligé d'assurer ses communications avec Rome, César, irrité de la défection de Marseille et ne pouvant compter sur elle, dut avoir la pensée de lui créer une rivale dont il pourrait disposer à son gré. Il choisit, à cet effet, un golfe situé entre la chaîne des Maures et les montagnes de l'Estérel, à l'embouchure de deux rivières, le Reyran et l'Argens.

La création d'un port, à cette époque, ne présentait pas les mêmes exigences que de nos jours. Les galères, les trirèmes, les onéraires (*onerariæ naves*), ne demandaient pas un fort tirant d'eau, et deux ou trois mètres suffisaient. On les faisait manœuvrer surtout au moyen de rames, et, sauf les onéraires, qui étaient de lourds et solides bateaux de transport, les autres n'étaient que des chaloupes. César, dans ses *Commentaires*, rapporte que voulant assiéger Massilia par terre et par mer à la fois, et n'ayant pas de flotte, fit construire des galères de combat qui furent confectionnées en trente jours. On sait aussi que les galères anciennes étaient halées à terre pendant la nuit au moyen de câbles et de cabestans. Elles n'étaient donc pas bien lourdes. C'est encore ce que font aujourd'hui les habitants du littoral pour leurs chaloupes de pêche et leurs canots. Or, les chaloupes peuvent contenir — en outre des engins — dix ou douze hommes, et les canots, trois ou quatre, au plus. Toujours est-il que la ville créée par César reçut le nom du conquérant, et fut appelée *Forum Julii*, ville de Jules, d'où vient le nom moderne Fréjuls, puis Fréjus, que depuis lors elle a conservé. Après César, Auguste fit agrandir le port, et le dota, dit-on, d'un phare, d'un aqueduc et d'un amphithéâtre.

Quand les Sarrazins envahirent la Provence, au dixième siècle, ils détruisirent les remparts de la ville. Cependant, sous le règne de Henri II, son importance maritime était encore grande, puisque ce roi en fit un siège d'amirauté. Mais, peu à peu, les débordements du Reyran et de l'Argens comblèrent le canal du port, et aujourd'hui la ville se trouve séparée du golfe par une plaine de sable de 1500 mètres environ. C'est à cette distance du golfe actuel que l'on voit encore la porte célèbre qu'on a toujours désignée sous le nom de *porte Dorée* et qui, d'après Charles Lenthéric, devrait s'appeler *porte d'Orée*. « Cette fameuse porte n'était, en réalité, que l'ouverture principale d'un élégant portique qui donnait accès sur le quai; c'est là qu'il faut placer l'ancien rivage de l'étang, ce que l'on désignait, en vieux français, sous le nom de l'*orée*, dont l'étymologie, *ora*, plage, est tout à fait transparente. La porte d'Orée n'était donc ainsi nommée que parce qu'elle s'ouvrait sur la berge même de la lagune qui constituait le port de Fréjus, et cette désignation, sainement interprétée, est d'autant plus intéressante qu'elle nous donne une nou-

LES ARÈNES DE FRÉJUS.
DESSIN DE F. DE MONTHOLON.

velle et précise indication de l'ancien état des lieux. »

Si la filleule de Jules César est aujourd'hui, une ville silencieuse et triste, elle est bien vivante par son passé, et la première visite du touriste est pour ses ruines romaines. Assurément, ce qui reste de ses arènes, de son amphithéâtre et de ses aqueducs ne peut se comparer aux ruines d'Arles, de Nîmes et d'Orange; mais ces majestueux débris éveillent plus de dix-huit cents ans de souvenirs, et la pensée se reporte à l'époque brillante où ce port, aujourd'hui disparu dans les sables, était l'une des trois grandes stations navales de l'empire romain, et le premier arsenal de la Méditerranée au temps où vivait Auguste.

Les arènes ont conservé encore quelques-unes des arcades qui les soutenaient. Mais c'est surtout dans les galeries basses et voûtées que la conservation est presque complète et que l'on peut avoir une idée des antres où les bêtes fauves étaient renfermées avant de s'élancer sur les gladiateurs fiscaux ou césariens, à la plus grande joie de toutes les classes de la société romaine.

Du mur d'enceinte, quelques traces englobées dans des propriétés particulières. Si bien qu'en réparant le mur de son jardin, le propriétaire actuel mêle le béton moderne au ciment romain qui avait servi à élever l'enceinte qu'il faut réparer. C'est ainsi que pour retrouver quelques fragments des thermes de jadis, il faut entrer dans une ferme où les étables ont remplacé les stalles et les portiques.

Ce qu'il y a certainement de plus intéressant à voir là, ce sont les fragments de l'aqueduc qui amenait à Fréjus les eaux limpides de la Siagnole, capturées près du village de Mons, distant de plus de 30 kilomètres. Toutes ruinées qu'elles soient, ces arcades, qui ont des solutions de continuité çà et là, retracent encore un prodigieux travail et un merveilleux parcours à travers les montagnes et les vallées. En certains endroits l'aqueduc est double, et forme comme deux aqueducs. Y en aurait-il eu deux, l'un construit par César, l'autre par Auguste ? Bien des anneaux du géant de pierre existent encore, et on les désigne sous différents noms : arcs Soleiller, arcs de Gargalon, arcs Bouteillière, arcs de Grisolles, arcs de Jaumin, etc.

L'un des arcs les plus intéressants est certainement celui qui se trouve à l'extrémité de la ville, sur la route d'Italie, et près de la terrasse contiguë à l'évêché.

A moins que l'on ne veuille remonter dans le nord, aux sources de la Siagnole, pour voir le barrage exécuté par les Romains, la visite aux ruines de Fréjus est une véritable promenade.

Cette promenade faite, il convient d'aller voir la fontaine publique, surmontée d'une belle statue de marbre attribuée au sculpteur Houdon ; ensuite, dans la Grande Rue, la porte antique de la maison de M. Jullien, attribuée à Puget. Très remarquables ces cariatides et ce fronton ciselé, servant d'entrée à une habitation presque moderne. C'est à cette entrée que M. Liégeard fait allusion évidemment en écrivant : « les grimaçantes cariatides qui ornent le chambranle de certaines portes ». En effet, le mascaron du milieu regarde le premier étage de la maison qui lui fait face, et lui tire la langue.

Ce que M. Liégeard ignore peut-être, c'est

Porte antique à Fréjus.

qu'il y a tout un drame dans cette grimace, et voici ce qui m'a été conté à ce sujet.

Un des premiers propriétaires de cette maison, nommé de Veyssière, était mortellement brouillé avec le hobereau dont la demeure lui faisait vis-à-vis ; une haine de Capulet et de Montaigu, tout simplement. De Veyssière-Capulet avait juré de faire déguerpir son odieux voisin, et c'est dans ce but qu'il fit exécuter le frontispice en question qui se relie aux deux cariatides latérales de date beaucoup plus ancienne. Montaigu ne pouvait donc ouvrir sa fenêtre sans voir ce masque grimaçant, aux oreilles de faune, qui le regardait et lui tirait la langue.

L'espièglerie de Capulet a-t-elle réussi ? Montaigu a-t-il déménagé, ou a-t-il provoqué son ennemi ? Je ne connais pas le dénouement de l'histoire et je donne celle-ci pour ce qu'elle vaut.

A deux pas de là, il faut visiter l'église cathédrale *Saint-Étienne,* riche en beaux marbres et en boiseries du seizième siècle. Fréjus possède aussi une précieuse bibliothèque contenant 5000 volumes, parmi lesquels se trouvent des manuscrits très anciens et bien tentants pour les érudits. Près de la bibliothèque s'ouvre le *musée*, rempli de toutes les curieuses trouvailles que des fouilles successives ont mises au jour : fragments de statues, de sculptures, urnes funéraires, ustensiles antiques, mosaïques et médailles romaines.

Mais les dernières étapes que j'ai encore à faire ne me permettent pas, à mon grand regret, de m'arrêter ici plus longtemps et de donner d'intéressants extraits de l'*Histoire de Fréjus*, l'ouvrage le plus complet qui ait été écrit sur cette ville, et qui a pour auteur M. J.-A. Aubenas. Je descends donc de la terrasse sur la voie Aurélienne, qui doit son nom à Aurélius Cotta, le consul romain qui la fit établir, et par une jolie route, bordée d'arbres, en quarante minutes de promenade j'arriverai à Saint-Raphaël.

Étapes d'un Touriste en France.

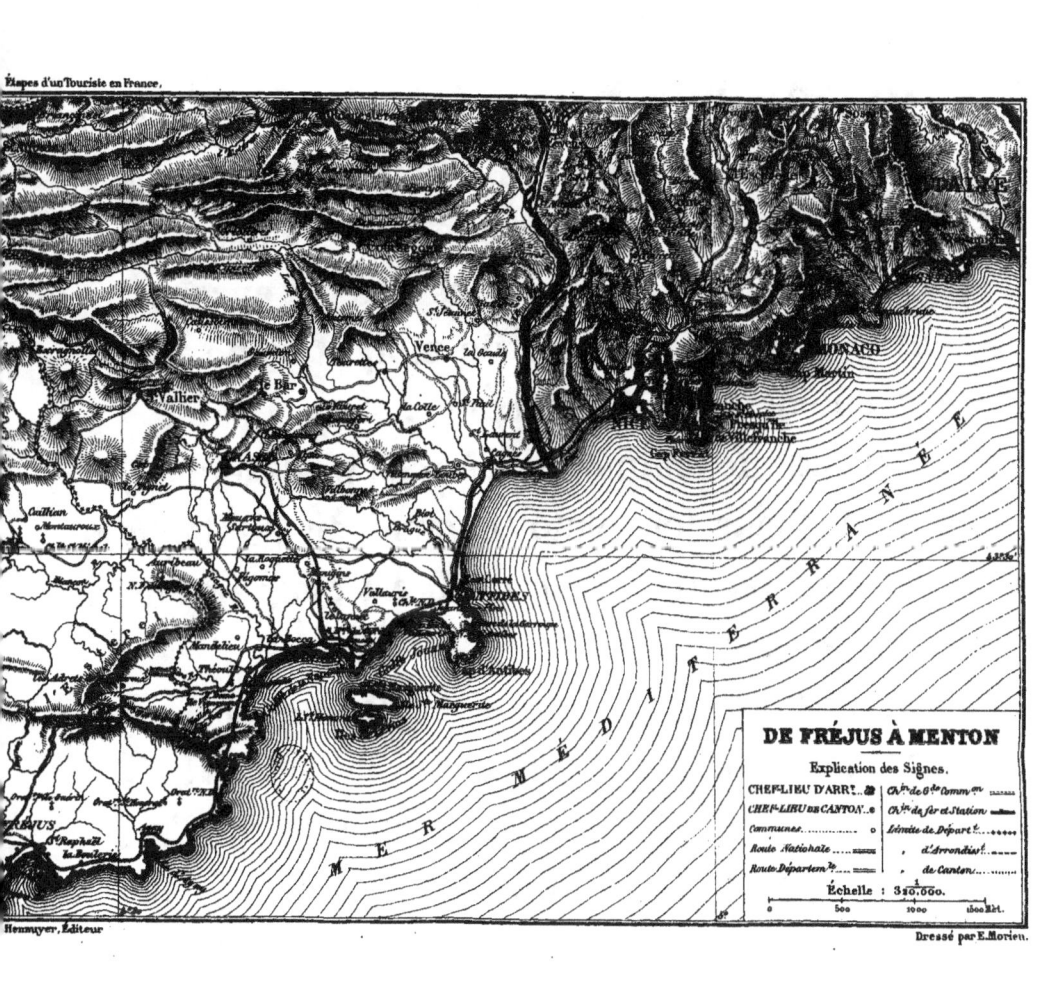

Henmuyer, Éditeur.

Dressé par E.Morieu.

CHAPITRE IX.

SAINT-RAPHAEL.

Me voilà admirablement installé sur le cours Jean-Bart, et c'est là que, pour trois mois, je vais établir ma résidence et me reposer du chemin parcouru. Les étapes que j'ai encore à suivre rayonnent autour de moi, et ce ne sont plus que de faciles excursions.

J'ai une vue magnifique. A mes pieds le mail, la promenade, ou plutôt comme on dit ici, *le Cours*, en faisant sifffer l'*s*. Il est ombragé de beaux et vieux platanes.

Le port vient ensuite, avec sa ceinture de barques multicolores, halées sur le sable et qui, à l'heure de la pêche, seront mises à flot d'un coup d'épaule. Au delà du port et de la jetée, le golfe qui s'étend au nord-ouest jusqu'aux sables de Fréjus, et qui, au sud, en face de moi, se termine au dernier anneau de la chaîne boisée des Maures, au cap des Issambres, que les gens du pays appellent la *pointe de Sainte-*

Maxime. A ma gauche, et jusqu'à l'horizon, c'est la haute mer, au milieu de laquelle semble s'élever le phare de Camarat dont je distinguerai le feu intermittent quand viendra la nuit. Et pourtant ce phare est situé à 33 kilomètres de Saint-Raphaël.

De mon balcon, j'entends ma voisine chanter. C'est la fille d'un pêcheur et elle a une assez jolie voix.

Observation : de Marseille à Vintimiglia, hommes et femmes, filles et garçons, chantent toujours des airs d'opéra. On n'entend jamais de flonflons, de chansons, ni d'airs d'opérettes ou de vaudevilles, mais les répertoires de Rossini, Bellini, Verdi et Gounod. Ce dernier, du reste, très souffrant, et cherchant la santé, est venu, il y a quelques années, passer une partie de l'hiver à Saint-Raphaël, où il aurait composé plusieurs morceaux de *Mireille*. On a donné son nom à la rue dans laquelle s'élève la maison qu'il habitait.

Quant au choix du répertoire provençal, je l'attribue au voisinage de l'Italie.

Sur le cours, je vois les joueurs de boules qui se démènent, car le jeu de boules est le jeu

LE PORT DE SAINT-RAPHAEL.
DESSIN DE F. DE MONTHOLON.

par excellence sur tout le littoral ; il dégénère quelquefois en passion, et j'ai vu des joueurs d'une rare adresse.

Dans le port, j'aperçois *la Gilda*, le beau yacht du baron Mosselmann qui se balance gracieusement.

Ce soir, si le temps est calme, j'aurai l'agréable surprise, *sur le golfe*, d'une pêche aux flambeaux. Cette pêche, qui a été autorisée dans le département du Var à l'époque de l'annexion de Nice à la France, est toujours un spectacle saisissant.

L'avant de chaque canot est surmonté d'une torche de résine qui, en brûlant, projette une vive clarté sur l'eau. Les poissons, croyant aux premières lueurs de l'aurore, accourent dans ce mirage. Un pêcheur, armé d'une grande fourchette à trois, quatre ou cinq dents, les harponne au passage. Il capture ainsi des bars, des torderots, des mulets, etc.

Vue de loin, cette pêche est presque fantastique : ces torches allumées qui sillonnent le golfe et apparaissent de-ci de-là, éclairant le gouffre sombre de la mer ; cet homme debout, son trident à la main, qui se détache en pleine lumière et glisse sur le flot sans qu'on voie le rameur qui imprime le mouvement à la barque et qui est resté dans l'ombre ; tout cet ensemble est vraiment dramatique, et par une soirée

Plage des bains à Saint-Raphaël.

tiède et calme, on reste longtemps à le contempler.

Si nous en croyons le savant archéologue que nous avons nommé, M. Aubenas — et nous devons le croire — Saint-Raphaël, au temps de l'occupation romaine, était la villégiature des habitants riches de Fréjus qui y avaient fait élever des maisons de plaisance.

L'érudit écrivain donne comme preuves à

l'appui la découverte, à Saint-Raphaël, de vestiges romains, entre autres les restes d'un établissement de bains que l'on peut distinguer encore sous l'eau, à proximité du rivage, et où les citoyens et les citoyennes de *Forum Julii* venaient faire leurs ablutions et prendre leurs ébats nautiques. Et, rapprochement étrange et piquant, M. Aubenas constate que l'établissement actuel des bains de Saint-Raphaël est situé au même endroit que celui où les Romains avaient coutume de se baigner.

Au moyen âge, l'ordre des Templiers avait fait bâtir sur l'emplacement où se trouve actuellement l'ancienne église une de ces forteresses religieuses qui avait bien le caractère spécial aux constructions élevées par ces prêtres-soldats

> Si jaloux de leurs droits,
> Si fiers de leur puissance,
> Qu'ils voulaient dominer les papes et les rois !

L'abside de cette église et la vieille tour carrée qui la surmonte datent de cette époque ; et c'est, aujourd'hui encore, la rue des Templiers qui y conduit.

Un fragment de l'enceinte fortifiée, qui disparaît sous le lierre, subsiste toujours, au tournant de la route de Fréjus. Cette enceinte communiquait, dit-on, avec la mer, et on montrait, il n'y a pas bien longtemps, l'orifice de ce souterrain dans la falaise qui domine la plage des bains.

A son retour d'Égypte, c'est à Saint-Raphaël que débarqua le général Bonaparte, en 1799, et c'est là aussi que, César déchu, il s'embarqua pour l'île d'Elbe, en 1814.

La population actuelle, qui est de 2 500 habitants, aurait deux origines différentes : celle des Maures qui se seraient établis dans Saint-Raphaël-Ville, et celle des Génois qui auraient peuplé Saint-Raphaël-Marine. La distinction existe encore, et c'est le viaduc du chemin de fer de Paris à Nice qui sépare la ville haute de la ville basse en deux parties à peu près égales. On prétend que, durant de longues années, ces deux parties de la colonie sont restées divisées et rivales. Je ne saurais, avec quelque certitude, me prononcer sur ce sujet, mais ce que je puis dire, c'est qu'aujourd'hui ils me paraissent, Maures et Génois, faire bon ménage ensemble.

En un laps de temps relativement fort court, la petite ville de Saint-Raphaël a conquis une sorte de célébrité. Elle est, en effet, une des régions privilégiées de la Provence par ses conditions tout à fait séduisantes de paysage et de climat. Appuyée, en quelque sorte, sur la chaîne boisée et pittoresque de l'Estérel qui lui fait une toile de fond, elle descend gracieusement jusqu'à la plage. De-ci et de-là sur toute cette côte, des pyramides de rochers de porphyre rouge se détachent sur le sombre feuillage des chênes-lièges et des pins parasols. Cette côte, parsemée d'écueils, à quelques encâblures de la terre, s'allonge en dessinant une falaise tourmentée où le flot vient baigner les troncs des chênes verts.

Un peu plus au large, deux immenses rochers, semblables à des animaux antédiluviens ou fantastiques, accroupis sur les flots, ferment la rade et reçoivent sur leurs croupes allongées l'écume des vagues. Le premier, qui n'est qu'à quelques mètres du rivage, se nomme le *Lion de terre*; le second, situé cinq cents mètres plus loin, s'appelle le *Lion de mer*.

De ces deux rochers qui, selon moi, ressemblent beaucoup plus à des baleines qu'à des lions, le premier n'a pas d'histoire, mais le second, le Lion de mer, a sa légende.

En effet, une vieille coutume de Saint-Raphël-Marine, qui s'est perpétuée jusqu'à la fin du siècle dernier, obligeait tout prétendant à la main d'une fille de pêcheur — et quand il était pêcheur lui-même — à plonger de la pointe sud du Lion de mer pour rapporter à sa fiancée une fraîche couronne d'algues vivantes. A cette condition seule, il était admis aux accordailles. Le plongeur pouvait tenter l'épreuve à quatre reprises différentes, pendant la même journée et huit jours durant, en présence de deux témoins, un de ses camarades, et un ami de la famille dans laquelle il voulait entrer. S'il échouait dans ses tentatives, la main de la jeune fille lui était refusée, et il ne pouvait recommencer les épreuves que l'année suivante. S'il réussissait, les fiançailles avaient lieu avec le cérémonial accoutumé et le mariage s'ensuivait, à la date fixée par les grands-parents.

Puis, le lendemain de la noce, un bateau, enguirlandé de fleurs et pavoisé aux couleurs nationales, transportait les nouveaux mariés et leur cortège sur le Lion de mer, où devait avoir lieu le premier repas des jeunes époux. Et le déjeuner sur ce rocher, avec la bouillabaisse de tradition, était obligatoire, car, autrement, on pouvait craindre que les enfants à venir de cette union ne vinssent au monde rachitiques ou difformes; on s'exposait à voir saint Pierre, le patron des pêcheurs, retirer sa puissante protection à la nouvelle famille.

Telle est cette vieille coutume, et avant de la compléter par la légende qui en est toujours inséparable, puisqu'elle apporte la preuve des dangers auxquels on est exposé quand on ne l'observe pas, qu'on me permette d'ouvrir ici une parenthèse pour dégager, en quelque sorte, la moralité de toutes les traditions de ce genre qui, malheureusement, se sont effacées dans la nuit des âges. Ne procédaient-elles pas de la plus saine raison et du plus pratique bon sens?

Au moyen âge, quand un prolétaire se présentait pour exercer un état, ne devait-il pas, par respect pour la coutume, la tradition ou la légende, se soumettre à certaines épreuves? Sans être aussi fantastiques et aussi compliquées que celles des mystères d'Isis, ces épreuves n'avaient-elles pas le mérite de prouver que le candidat possédait les qualités requises pour exercer, à son honneur, la profession à laquelle il se destinait? L'apprenti armurier n'était-il pas tenu, avant de passer maître, de forger, en présence de témoins et en une nuit solennelle, une lame d'épée sans défaut? Les gentilshommes verriers, avant d'être admis dans la confrérie, n'avaient-ils pas à subir une épreuve qui devait montrer la vigueur de leurs muscles et la puissance de leurs poumons?

Les algues vivantes que le jeune pêcheur était tenu de rapporter à sa fiancée, n'avaient, évidemment d'autre but que de constater qu'il était bon nageur et bon plongeur, qualités indispensables chez un vrai marin.

Nous avons dit que toute tradition était appuyée d'une légende. Voici celle qui accompagne la coutume que nous venons de rapporter.

Un Génois, fort beau garçon, mais très mauvais sujet, était venu s'établir, depuis deux ans, à Saint-Raphaël-Marine, et là s'était épris de la plus jolie fille de l'endroit. Bien qu'il fût marié en Italie et déjà père de plusieurs enfants, il s'était déclaré célibataire, estimant, sans doute, que la bigamie n'était pas un cas pendable, et avait osé demander la main de celle qu'il aimait.

Quand vint, avec l'époque des fiançailles, l'obligation de rapporter à sa fiancée la couronne d'algues vivantes, il ne put, malgré une instinctive répugnance, se soustraire à la coutume. Or, la jeune fille avait été vouée à saint Pierre dès son enfance, et saint Pierre veillait sur elle. Le Génois plongea et ne reparut plus... il ne reparut jamais. Son corps, même ne fut jamais retrouvé.

Quelques jours après cet événement, une tartane, partie de Gênes, venait mouiller à Saint-Raphaël, ayant à son bord la femme légitime et les enfants du Génois. Par cette arrivée providentielle, la jeune fiancée apprit alors de quel danger saint Pierre l'avait préservée.

Si Alphonse Karr a découvert Saint-Raphaël, c'est M. Félix Martin qui l'a transformé. Il faut nous entendre; certes, il a beaucoup amélioré et embelli l'ancienne cité, mais son plus grand mérite est d'avoir créé, comme par magie, un nouveau Saint-Raphaël, sur la plage et au milieu des bois, que l'on pourrait appeler Saint-Raphaël-Corniche, ou mieux Saint-Raphaël-Plaisance.

Cette ville nouvelle s'étend et s'étage sur un beau boulevard auquel le conseil municipal a donné le nom de son créateur, et qui, de la gare où il commence jusqu'à Boulouris où il finit, présente un parcours de 4 600 mètres. Ce boulevard, qui longe le littoral, est bordé de villas plus somptueuses ou plus coquettes les unes que les autres.

Le pays d'élection de l'illustre auteur des *Guêpes* devait devenir une colonie de littérateurs et d'artistes. Aussi n'ont-ils pas manqué de s'y faire représenter.

Voici *Sweet-home*, au jeune et élégant poète Maurice Vaucaire; *El-Houah*, au chercheur érudit et savant praticien le docteur Niepce, qui s'est fait aimer de tout le monde, du riche comme du pauvre : le riche l'aime pour sa modestie, le pauvre pour sa bonté.

La villa *Houttelet*, un bijou d'élégance et de confort, a été élevée par son propriétaire, un architecte qui a construit tout le long de la corniche des villas qui décèlent son talent et son goût. *Hélène*, au docteur Bontemps, qui habite là toute l'année, et qui à d'excellentes études joint une prudente expérience.

Plus loin, voici la villa *Léonie*, la villa *des Lions* et l'*Oustalet dou Capelan* (la maison du chanoine), propriété du vicomte de Savigny.

Maison close, enfouie sous la verdure. C'était l'oasis, le *paradou* du maître regretté. Quel charmant écrivain! qu'il avait de bon sens et d'esprit! Quand, écœuré de la mode du jour : littérature scientifique, musique scientifique, peinture scientifique, architecture scientifique, je ne me sens pas le courage d'ouvrir un de ces livres nouveaux qui, à quelques exceptions près, et sous couleur d'observations vécues, se complaisent dans les détails les plus oiseux et les plus puériles :

Un déluge de mots sur un désert d'idées,

je relis un des derniers ouvrages d'Alphonse Karr pour me convaincre qu'il reste encore un peu d'esprit français en France.

Après *Maison close*, et communiquant avec

elle, c'est la villa *Maxime*, à M. Léon Bouyer, gendre du grand écrivain.

M. Bouyer est encore un des rares représentants de l'esprit français, avec toutes les aptitudes artistiques, maniant le crayon avec autant de facilité que la plume.

Voici *Vincenette*, à Pierre Barbier, un de nos jeunes confrères, un enfant de la balle et qui la porte allègrement, bien qu'elle soit pleine de rimes riches et de beaux vers.

Medjé, à Jules Barbier, le père du jeune homme, digne successeur de Philippe Quinault, qu'en 1670 l'Académie française s'honorait de mettre au nombre de ses immortels. Il est vrai que les zoïles de cette époque n'avaient pas encore trouvé le mot méprisant de *livret* pour désigner un poème d'opéra. Depuis lors, le mot a fait fortune chez ces messieurs de la critique, toujours heureux d'amoindrir les vaillants producteurs.

Un peu plus loin, c'est la villa où a vécu le peintre Hamon, et qui, sur les pilastres de son entrée, offre à la vue des passants deux fresques élancées dans ce style grec qui a fait la réputation de l'artiste.

La *Péguière*, une demeure princière au milieu d'un parc féerique, appartenant à M. Ravel.

Nous n'indiquons ici que quelques villas du premier plan, c'est-à-dire du bord de la mer. S'il fallait nommer toutes les propriétés qui s'étagent dans les bois, telles le *Palais hollandais* de M. Janzen, *les Cistes* à M. Félix Martin, *les Myrtes*, *les Mimosas*,... dix pages ne suffiraient pas.

Un omnibus, qui a la forme d'un tramway, fait, trois fois par jour, le service de Saint-Raphaël à Boulouris, la station la plus voisine.

Un des types du pays était le bon l'Antoine, le conducteur de ce tramway, qui, l'an dernier, était chargé d'apporter de la ville toutes les provisions dont les villas ont besoin. Aussi était-il l'enfant chéri de toutes les commères de Saint-Raphaël chez lesquelles il allait faire ses achats.

— Ce bon l'Antoine, disaient-elles, il ne sait ni lire, ni écrire, mais il a une tête... il n'oublie jamais rien!

J'en ai eu la preuve dès le lendemain.

Je me trouvais dans le tramway, et nous

avions dépassé de 500 mètres la villa des Lions, quand, tout à coup, ce bon l'Antoine arrête ses chevaux, regarde sous une banquette, et s'écrie avec un geste désespéré :

— Bon Diou ! j'ai oublié le pain des Lions ! Et ils sont dix-sept là-dedans ! Qu'est-ce qu'ils vont devenir ? Ah bien ! tant pis !

Et après s'être assuré, par un coup d'œil jeté en arrière, que la villa était trop éloignée pour y retourner, il allait poursuivre son itinéraire quand il avisa une fillette de douze à quatorze ans qui nous croisait sur la route.

Il l'appela par son nom :

— Hé ! Noémie ! Est-ce que tu rentres à Saint-Raphael ?

— Oui, m'sieu Antoine.

— Eh bien, remets en passant cette corbeille de pain que j'ai oubliée. Elle est pour la villa des Lions.

— Oh ! que c'est lourd !

— Mais non, mais non, ce n'est pas lourd, et puis je t'aimerai bien !

Et il fouetta ses chevaux.

Quant à Noémie, elle continua sa route, posant sa corbeille à terre tous les vingt pas, pour s'essuyer le front. Mais quoi, ce bon l'Antoine avait dit qu'il l'aimerait bien, et de plus, elle savait, comme tout le monde, que c'était un homme de tête, et que, même ne sachant ni lire ni écrire, il n'oubliait jamais rien.

Une promenade que je me permettrai de recommander tout particulièrement à mes confrères MM. les touristes, est celle qui a pour but le *Dramont*. On peut s'y rendre par le tramway dont je viens de parler — le tramway de ce bon l'Antoine — par le chemin de fer, ou à pied, si l'on est bon marcheur. Il ne s'agit, après tout, que d'un trajet de 10 kilomètres.

Le sommet du Dramont, à pic de la mer, est surmonté d'un sémaphore, et l'ascension en vaut la peine. A sa base, ce sont des couverts charmants, battus par les flots, sous lesquels on peut déjeuner sur l'herbe au murmure de sources argentées et limpides qui chantent en descendant de rocher en rocher avant de se perdre dans la Méditerranée.

C'est en revenant de mon excursion et de mon ascension au Dramont — dans les premiers jours d'avril — que, pour la première fois, j'ai rencontré un attelage en tenue d'été.

Vous autres, gens du Nord, vous ne vous doutiez pas plus que moi, j'imagine, qu'en Provence il était d'usage de conduire, vers la fin de mars, les bêtes de trait chez la marchande de modes? Telle est la coutume, dans toutes les villes et dans tous les villages du littoral, et, à partir du mois d'avril, les chevaux, les ânes et les mulets portent chapeau.

Je ne crois pas, cependant, que les rayons du soleil de Provence soient aussi foudroyants que ceux du soleil de la mer Rouge. Quoi qu'il en soit, tous les conducteurs affublent là-bas leurs pensionnaires d'un chapeau de femme en jonc plus ou moins grossier, plus ou moins coquet, plus ou moins enrubanné, selon la position pécuniaire du maître. Ils pratiquent dans le fond du chapeau deux fentes par lesquelles passent les oreilles de l'animal, tandis que les rebords couvrent les yeux et le sommet de la crinière. Rien d'amusant comme ce bon mufle inconscient qui trotte avec les allures d'une vieille Auvergnate!

Une des principales industries de Saint-Raphaël est la pêche, à laquelle se livrent deux cents pêcheurs environ, et qui donne un revenu de 120 000 francs par an. Plusieurs fabriques de bouchons, dont la plus importante est celle de M. C. Bernard, qui, par des procédés mécaniques fort ingénieux, transforme des écorces de chênes-lièges, récoltées dans l'Estérel, en bouchons de tous calibres, et n'en produit pas moins de quarante mille par jour.

Les haies qui clôturent les champs et qui bordent tous les cours d'eau sont formées de grands roseaux, surmontés d'un panache comme les roseaux de nos étangs. Mais ceux de la Provence, qui ont jusqu'à 4 et 5 mètres de hauteur, se nomment *cannes* et sont, en effet, de ce bois léger, résistant et poreux avec lequel les pêcheurs espèrent capturer l'ablette ou le goujon. Il s'en fait un commerce assez considérable pour la fabrication des cannes à lignes, et du mirliton, le ténor obligé de la foire de Saint-Cloud et de toutes les foires de province.

Mais l'avenir et la richesse de Saint-Raphaël proviennent surtout de la présence des étrangers qui viennent y résider, et dont le nombre augmente chaque hiver.

Au touriste qui se trouvera dans ces parages

à la fin de mai ou dans la première quinzaine du mois de juin, nous recommanderons l'excursion à la vallée des lauriers-roses.

On prend la belle route de Saint-Raphaël à Valescure, mais on la quitte au pont de la Garonne pour remonter le cours de la petite rivière, jusqu'à l'endroit qu'on appelle le *Vallon de Coste*, où se trouve un autre pont de construction récente. A 500 ou 600 mètres de là, la vallée se rétrécit et l'on se trouve au milieu de lauriers en fleurs qui croissent de chaque côté du lit de la rivière dans lequel on se promène, ce lit étant formé de rochers. C'est en parlant de cette promenade qu'Alphonse Karr a écrit dans *l'Univers illustré* : « Je connais une chose unique et charmante, que je croyais n'exister qu'en Grèce et sur la rive de l'Eurotas : c'est la vallée des lauriers-roses. On y arrive par un chemin entre Saint-Raphaël et Valescure ; c'est une petite rivière qui forme un bois ravissant pendant plus d'une lieue, toujours vert et fleuri pendant quatre mois. Là est presque commun le rare et très beau papillon, le *sphinx du nérium*. »

Une autre excursion non moins intéressante

est celle de *Valescure*, nom que l'on suppose être une corruption de *vallée de la cure*, et qui est la station médicale par excellence. Il est incontestable que, du temps des Romains, on l'appelait *Vallis curans*, la vallée qui guérit. En effet, sa situation est des plus heureuses, car, abritée par trois échelons de montagnes qui se dressent au nord, à l'est et à l'ouest, elle n'est ouverte que d'un seul côté, le plein sud. Cette exposition me paraît préférable à celle de la vallée d'Hyères qui est ouverte au sud et à l'est, et n'est pas aussi garantie que l'amphithéâtre de Valescure du vent d'est et du mistral.

Sur les flancs des coteaux boisés de Valescure, où les pins-parasols dominent, s'élèvent de belles villas appartenant à MM. Guéneau de Mussy frères, à M. le docteur Léon Labbé, à M. Chargé, le célèbre homéopathe, qui est mort récemment emportant les regrets des pauvres qu'il soignait gratuitement et auxquels il donnait tous les médicaments prescrits.

Dans la villa *Magali*, la créatrice de *Mireille*, Mme Miolan-Carvalho, cantatrice inoubliable et, de jour en jour, plus regrettée, vient se reposer sous les beaux ombrages de son parc, et sous l'œil bienveillant d'un majestueux lion de Caïn. M. Carvalho a fait disposer, dans ce beau jardin, et avec le goût que l'on sait, des colonnades et des portiques provenant des ruines des Tuileries. Au clair de lune d'une belle nuit de printemps, c'est un splendide décor d'opéra, aussi vrai que nature.

La chaîne de montagnes qui commence à Valescure et à laquelle on donne le nom d'Estérel, s'étend, en forme d'ellipse, du golfe de Fréjus au golfe de la Napoule, près de Cannes. Cette chaîne a 20 kilomètres de longueur et, de l'est à l'ouest, 15 kilomètres de largeur. Son altitude maxima est de 612 mètres, représentée par le mont Vinaigre, la montagne la plus élevée de tout le groupe. Malgré la grande route de Toulon en Italie qui traversait l'Estérel dans toute sa longueur, ces montagnes ont été longtemps aussi dangereuses que les gorges d'Ollioules. De Saussure, le célèbre naturaliste génevois, l'un des premiers qui atteignit le sommet du mont Blanc et qui, en 1787, eut le courage de visiter, à pied, le massif de l'Estérel, raconte que des voleurs, embusqués dans les bois, fondaient sur les voyageurs qui passaient sur la grande route, les dépouillaient et s'enfuyaient dans la forêt où il était absolument impossible de les atteindre, car, à moins de connaître l'intérieur du bois, comme les voleurs eux-mêmes le connaissaient, on n'y pouvait pénétrer qu'avec une difficulté infinie et une lenteur extrême.

Millin, botaniste et minéralogiste du siècle dernier, et qui fit, quelque dix ans après Saussure, un voyage d'exploration scientifique dans les mêmes parages, écrivait à peu près la même chose en 1807, dans son ouvrage intitulé : *Voyages dans les départements du midi de la France*.

Aujourd'hui, l'Estérel, qui appartient à l'État, offre aux touristes de belles routes forestières qui relient les unes aux autres les différentes maisons des gardes, et si l'on veut faire l'ascension du mont Vinaigre ou aller coucher à l'auberge *des Adrets*, de dramatique mémoire, on peut le faire en toute sécurité et en excellente compagnie.

C'est dans l'Estérel, au cap Roux, que se trouve *la Sainte-Baume d'Honorat* qu'il ne faut pas confondre avec celle de la vallée de l'Huveaune dont nous avons parlé, et où la légende provençale a placé la retraite de sainte Madeleine. La grotte qui servait d'asile à saint Honorat — et, ce qui est plus proche de nous, à des émigrés qui lui durent la vie en 1793 — est, entre les lieux de pèlerinage, l'un des plus suivis. Les habitants de Fréjus, de Saint-Raphaël, de Cannes et environs, s'y rendent ponctuellement le premier jeudi du mois de mai. La Sainte-Baume d'Honorat est située sur le sommet du cap Roux que, dans sa *Nouvelle Géographie universelle*, M. Élisée Reclus regarde, à juste titre, comme l'un des points les plus grandioses du littoral méditerranéen.

Saint-Cassien, autre but de pèlerinage, est aussi suivi que celui d'Honorat. Il a lieu le 23 juillet de chaque année. Mais Saint-Cassien est un *romérage,* nom que l'on donne en Provence aux fêtes patronales célébrées par des jeux et des réjouissances.

L'ermitage de Saint-Cassien est situé sur un plateau qui s'élève aux environs de la Napoule. Sur ce plateau tout parfumé de thym, de romarin, de menthe et d'herbes fleuries, s'élève une construction en forme de parallélogramme auquel attient une chapelle surmontée d'un campanile qui laisse la cloche à jour, suivant la mode italienne. Encadrée dans un péristyle à colonnes, une grille donne accès dans l'ermitage, qui a conservé sa simplicité primitive. La messe dite, le *romérage* commence pour se terminer, à la nuit, par l'inévitable et traditionnelle farandole.

CHAPITRE X.

SAINT-TROPEZ.

Il nous faut revenir sur nos pas pour aller de Saint-Raphaël à Saint-Tropez, et alors on a le choix entre la route de mer et la route de terre. Si, vieux loup de mer, on n'a rien à redouter du roulis et du tangage, on monte à bord du petit yacht à vapeur qui fait un service régulier entre les deux villes. Aussitôt que *le Lion de mer* (c'est le nom du navire) a gagné le large, on voit se dérouler un panorama magnifique, et plus on avance vers la haute mer, plus le tableau s'agrandit. C'est d'abord Fréjus, Saint-Raphaël et les aiguilles de porphyre des rochers qui bordent le littoral ; puis apparaissent les montagnes qui font une ceinture à Grasse ; et enfin, se détachant sur l'horizon, et au dernier plan, les cimes, couvertes de neige, des Alpes-Maritimes.

Quand on a traversé le golfe en droite ligne, on double la pointe du cap des Issambres pour entrer dans le beau golfe de Grimaud ou de Saint-Tropez. Après avoir fait escale à Sainte-Maxime, on vire de bord, on traverse le golfe et on aborde au quai de Saint-Tropez.

Ce trajet se fait en une heure et demie.

La route de terre est plus longue, car l'omnibus ne met pas moins de trois heures et demie, et une voiture de louage demande trois heures pour s'y rendre. Cette route, qui suit l'hémicycle du golfe, côtoie la grève.

On rencontre d'abord l'embouchure de l'Argens, que l'on traverse sur un pont de bois, et l'on aperçoit, à droite, l'étang de *Villepey*, en idiome provençal, ville des poissons, dérivé évidemment du latin *villa piscis.*

Sur la hauteur, deux châteaux moyen âge, et le magnifique pin parasol qui est réputé, et à juste titre, pour le plus bel arbre de toute la chaîne des Maures. Le tronc du pin de Bertaud mesure 10 mètres à la base, et sa ramure est une forêt.

Après avoir quitté la plaine, on arrive à *Saint-Aygulf.* Là, le paysage change. C'est une forêt de pins qu'une société marseillaise par actions a transformée en un beau et grand parc dans lequel s'ouvrent de nombreuses avenues placées sous le patronage de nos célébrités musicales, littéraires et artistiques. De l'avenue Alfred-de-Musset, on passe au boulevard Balzac, et le boulevard Corot conduit à l'avenue Berlioz. Deux villas seulement ont été construites dans ces parages : la villa *des Brisants*, et la villa *Carolus-Duran* qui appartient au peintre en renom.

A partir de ce parc, la route devient un véritable bosquet, abritée des rayons du soleil par l'épaisse frondaison de ses arbres, et avec des échappées de vue sur les flots bleus et miroitants du golfe. Arrivé à l'extrémité du cap, on le contourne, et comme ce cap sépare les deux golfes, on quitte le golfe de Fréjus pour côtoyer le golfe de Saint-Tropez. Le premier village que l'on rencontre alors, c'est *Sainte-Maxime*, orienté au sud. Aussi, le climat y est-il très doux et la végétation de l'Afrique est-elle représentée par de vrais dattiers qui produisent de vraies dattes, dont Sainte-Maxime est fière à bon droit. La diligence, comme *le Lion de mer*, fait escale à cet endroit, et l'on peut se reposer sur une grande terrasse, ombragée de beaux arbres, et à quelques pas de la mer. De l'autre côté du golfe apparaissent Saint-Tropez, ses batteries et sa citadelle.

La ville de *Saint-Tropez* s'élève en amphithéâtre sur le golfe Grimaud auquel — par parenthèse — on eût bien mieux fait de conserver son nom primitif de Grimaldi, puisque M. Lenthéric nous dit que son parrain fut un sire Jean-Gibelin Grimaldi, noble génois, qui, en récompense de sa conduite valeureuse, reçut, comme donation, un fief situé au fond du golfe de Saint-Tropez. Grimaldi, en effet, nous semble plus élégant et plus euphonique que Grimaud.

En tout cas, l'origine romaine de Saint-Tropez est incontestable, puisque cette ville n'est autre que l'*Heraclea caccabaria* antique. Les débris de colonnes, inscriptions et mosaïques, qui y ont été retrouvés, démontrent suffisamment son origine.

A deux époques différentes, les Sarrazins ruinèrent Saint-Tropez, et ce fut Guillaume Ier, comte d'Arles, qui le fit réédifier sur les bords de la mer.

Plus tard, au quatorzième siècle, René d'Anjou y établit soixante familles génoises auxquelles il accorda des fiefs considérables, à la condition de repeupler la ville et de la mettre en état de défense. C'est à cette époque qu'elle fut entourée de remparts, protégée par une citadelle, et qu'elle put, en effet, repousser victorieusement les attaques du connétable de Bourbon, ainsi que celles des Maures qui, revenus en Provence, avaient dévasté Hyères et Toulon.

Depuis lors, les marins de cette ville repoussèrent seuls, en 1637, l'attaque d'une flotte espagnole; et, en 1813, remportèrent le même succès sur une petite escadre anglaise qui voulait s'en emparer.

Aujourd'hui, la cité, qui est un chef-lieu de canton, renferme 3600 habitants. Elle a un tribunal de commerce, une justice de paix, et sa population de marins se livre à la pêche et même au petit et grand cabotage. Ses vins ont une très bonne réputation, ainsi que ses huiles, et surtout ses belles châtaignes qui, récoltées dans les environs, sont très recherchées, et depuis longtemps, sous le nom de *marrons de Lyon*.

Saint-Tropez étant un point stratégique important, une vaste citadelle bastionnée s'élève pour remplacer les tours ruinées du Portalet et de Saint-Elme, construites jadis par le roi René.

Les autres constructions les plus curieuses sont les maisons qui bordent le quai du port. Les murailles du rez-de-chaussée sont inclinées de manière à former avec l'étage supérieur une courbe rentrante, semblable à celle des brise-lames. Une seule porte s'ouvre à la base de ces murailles, qui ont été construites ainsi pour braver la tempête dans le cas où elle arriverait jusqu'au port. Celui-ci, qui a une étendue de 10 hectares, est assez profond pour donner asile aux navires de haut bord. La statue en bronze du bailli de Suffren, qui est né à Saint-Tropez, s'élève sur le quai.

La ville en elle-même a l'inconvénient d'être exposée au mistral; mais les environs en sont charmants et offrent des sites parfaitement abrités où se montrent déjà des villas et où il s'en construira chaque jour davantage.

L'église renferme un buste de saint Tropez avec les attributs que lui donne la légende : une barque dans laquelle est étendu le corps du saint décapité, entre un coq et un chien. Voici cette légende :

Converti au christianisme par saint Paul et devenu disciple de ce dernier, Torpez ou Tropez aurait déplu à Néron qui, après l'avoir fait torturer et décapiter, aurait ordonné que son corps fût placé dans une mauvaise barque et abandonné à la mer en compagnie d'un coq et d'un chien. Mais un ange veillait, et la brise, sa complice, amena la barque au port d'Heraclea. Le coq ayant chanté, étonnée, la foule accourut et, impressionnée par le miracle, fit à la victime du tyran des funérailles magnifiques, et donna le nom du saint au quai où la barque avait abordé.

C'est en l'honneur de cette tradition qu'ont été instituées les curieuses et étourdissantes *bravades* qui ont lieu chaque année à Saint-Tropez, du 15 au 20 mai. Ces fêtes, qui durent cinq jours, sont très brillantes et très suivies. On s'y rend de 10 lieues à la ronde. La ville est pavoisée ; les fanfares et les orphéons sont réunis, et les plus belles toilettes mettent toutes voiles dehors.

Au matin du premier jour, on dit une messe

SAINT-TROPEZ, VUE PRISE DU PORT.
DESSIN DE F. DE MONTHOLON.

pendant laquelle les armes des *bravadeurs* sont bénies. A l'issue de l'office, tous les assistants passent devant l'image du saint, lui baisent le pied, et ceux qui ont des armes les déchargent en l'air, sous les voûtes sonores. Puis le cortège se met en marche, précédé de fifres et de tambours qui alternent avec la musique des fanfares. Ils sont immédiatement suivis de l'image du saint que l'on porte sous un dais, et qui est escortée de tout le clergé de la ville. Viennent ensuite les autorités et les commissaires de la fête; enfin la procession, sur deux files, des jeunes filles vêtues de blanc, et des femmes, mères, tantes, cousines et voisines. Et durant toute la marche, les coups de fusil succèdent aux coups de pistolet et de tromblon.

Pendant toute la journée, les jeux de bigue (1) font concurrence aux concours de jeu de boules, et aux courses de toutes sortes, sur terre et sur mer. Le soir, illuminations, retraites aux flambeaux, feux d'artifice et bals champêtres, qui se terminent à l'aurore par la farandole obligée.

(1) La bigue est un mât suifé, tendu horizontalement au-dessus de l'eau.

« Dans toutes les réjouissances publiques, en Provence, a écrit M. J.-A. Ortolan (1), la farandole s'introduit par droit de cité, si l'on ne l'y appelle pas. C'est lorsque les jeux et les danses sont terminés qu'elle arrive, pour mélanger les groupes et constituer avec eux une longue chaîne, dont les anneaux formés par les jeunes gens et les jeunes filles qui se tiennent par les mains serpentent, entraînés par le *panpan* et le *flûtet* du *tambourinaire*, et, à défaut, par les violons de l'orchestre, quand le jour naissant a fait pâlir les lueurs fatiguées des lampes rustiques. Quelquefois, c'est le brutal tambour qui bat la farandole, et c'est encore un plaisir entraînant de la courir seulement, lorsqu'on ne peut pas la danser en la courant. »

Parmi les quelques excursions que l'usage impose aux touristes dans les environs de Saint-Tropez, il faut citer celle du cap *Camarat* où l'on visite un phare de premier ordre dont les rayons à éclipses s'étendent à dix lieues en mer. A la pointe du golfe s'élève le château

---

(1) *Saint-Raphaël en Provence.*

Bertaud, avec ses tourelles crénelées et son architecture néo-gothique. C'est à la porte de ce château, en pleine route nationale, que surgit le célèbre pin-parasol, qui mesure dix mètres de circonférence à sa base, et dont nous avons parlé lorsque nous avons pris la route des terres pour nous rendre de Saint-Raphaël à Saint-Tropez.

A une demi-heure de la ville, s'élève un autre petit château, flanqué de deux tourelles, précédé d'un beau jardin et entouré d'un parc. De vastes communs, et une ferme située à quelque distance complètent le domaine, « un bois de chênes-lièges au poétique silence, d'admirables parasols pleins de chants d'oiseaux, dont l'ombelle s'arrondit çà et là, en face de collines boisées ; puis toute une *pineta* de superbe venue, descendant vers une mer semée d'écueils... c'est bien de quoi charmer l'hôte assidu de cette solitude voilée de lauriers et de cyprès. »

La propriété se nomme *la Moutte*, et c'est la retraite de M. Émile Ollivier.

. . . .

Nous voici au 21 avril, et, de retour à Saint-

Raphaël, au moment où je me dispose à monter dans la voiture du bon l'Antoine pour me rendre à Boulouris, j'entends les cloches tinter dans la vieille tour carrée, bâtie jadis par les Templiers.

A quelle fête religieuse l'airain sonore nous convie-t-il pour le lendemain?

Je m'informe.

— Demain, me répond mon interlocuteur, c'est la saint-Charabot.

— Vous dites?

— Je dis : la saint-Charabot.

— Pardon, dans quel calendrier prenez-vous ce saint-là ?

Dans les registres de l'état civil de Saint-Raphaël, d'abord, et sur ceux de l'inscription maritime où il a figuré comme sergent-canonnier de la marine.

Charabot, un enfant du pays, avait toujours eu une idée fixe, celle de laisser son nom à la postérité. Un jour qu'il traversait la ville de Gênes, au bras de son frère, il tombe en arrêt devant la statue en bronze de Christophe Colomb.

— Oh! s'écria-t-il, il est heureux celui-là!

Laisser mon nom et mes traits à la postérité, ç'a toujours été mon rêve à moi!

Le frère s'esclafa de rire; mais Charabot n'en poursuivit pas moins son idée et passa en revue, dans sa tête, les moyens d'arriver le plus sûrement et le plus promptement possible à la célébrité.

Les exemples ne manquent pas de marins qui, partis de bas, sont devenus célèbres : Jean-Bart, Duquesne, Duguay-Trouin, etc., etc.; et Charabot s'engagea résolument dans la marine.

Il prit part, successivement, aux guerres navales de la première République et du premier Empire, et parvint, sur la fin de sa carrière, au grade de sergent canonnier de marine.

La statue était loin, et Charabot, se rendant à l'évidence, fut forcé de convenir que le bronze qui devait la couler ne serait jamais fondu! Forcé de renoncer à sa statue, il s'ingénia pour trouver un autre moyen de faire passer son nom à la postérité. Tout à coup, une idée lumineuse traversa son cerveau : celle d'une *fondation*.

Par un chapelet de privations, il parvint à économiser une somme de 800 francs, avec laquelle il acheta une rente de 40 francs, et il légua cette rente annuelle aux jeunes marins, de vingt à vingt-cinq ans, nés à Saint-Raphaël, qui, le 22 avril de chaque année, assisteraient, un crêpe au bras, à la messe dite, ce jour-là, pour le repos de son âme. A l'issue de la messe, un déjeuner de 35 francs devait être servi aux assistants, quel que fût leur nombre !

Charabot est mort en 1828, et voilà soixante-trois ans que la cloche de la vieille église des Templiers sonne la *Saint-Charabot*.

O puissance d'une idée fixe !

CHAPITRE XI.

DE SAINT-RAPHAEL A CANNES.

La première station que l'on rencontre dans l'Estérel, sur la route de Cannes, est celle de *Boulouris*, à six kilomètres de Saint-Raphaël. Je ne vois pas quels détails intéressants on pourrait donner sur ce hameau : un joli rivage d'un côté, une végétation luxuriante de l'autre.

« Vers la fin de janvier, a écrit Alphonse Karr, en passant en chemin de fer sur le territoire de Boulouris, on sent une suave et pénétrante odeur d'amande amère, assez voisine du parfum de l'aubépine. Cette odeur est exhalée par la bruyère géante, l'*erica arborea*, qui élève jusqu'à trois et quatre mètres ses branches flexibles et ses panaches de fleurs blanches. »

C'est à Boulouris que s'élève la villa du docteur Lagrange, un voyageur infatigable, qui se repose là en devenant, nuit et jour, le médecin au petit manteau bleu de tous les pauvres de la montagne.

Agay — que les naturels du pays prononcent *Agail* — est un hameau de quelques maisons qui offre une petite calangue très profonde, où les chaloupes de pêche et même les bâtiments d'un assez fort tonnage trouvent un refuge précieux en cas de mauvais temps au large. Sur un fond d'eau de 25 à 30 mètres, les navires y sont en sécurité sur leurs ancres, et pendant que la tempête fait rage au dehors, ils attendent dans ce port paisible le retour du beau temps.

Là, les montagnes de l'Estérel, avec leurs silhouettes âpres, déchiquetées, ont une allure grandiose qui les fait paraître beaucoup plus hautes qu'elles ne sont réellement.

Rien de plus imposant que le massif du cap Roux qui domine la mer d'une hauteur de 450 mètres. Les rochers porphyriques, aux vives arêtes, sont d'un rouge sombre et forment des tons étranges avec les verts profonds de la montagne et les violets intenses de la mer.

La rivière d'Agay, grossie de son affluent le Grenouiller, vient se perdre dans le petit golfe. Cette jolie rivière, dont les rives sont bordées, au mois de mai, de lauriers-roses en fleur, est très poissonneuse.

Pour ma part, j'y ai capturé d'assez belles anguilles, des mulets et une sorte de poisson que l'on appelle dans le pays des *gabets*, et qui ressemble beaucoup aux gardons de nos étangs et de nos rivières.

En un quart d'heure, le chemin de fer franchit la distance qui sépare Agay de Saint-Raphaël, et l'on peut faire une charmante partie en montant dans le premier train, en déjeunant à l'aüberge de Porre, voisine de la gare et de la rivière, et en revenant dîner à Saint-Raphaël.

D'Agay, le chemin de fer « poursuit ses courbes à travers des défilés sauvages et des masses volcaniques aux gigantesques soulèvements », puis il s'engage dans le tunnel *des Saoumes*. Durant ce trajet, on rencontre *le Trayas*, où l'on s'arrête. Ce nom lui vient de deux pointes boisées qui s'avancent dans la mer, près de la limite qui sépare le Var des Alpes-Maritimes.

Vient ensuite *Théoule* qui est situé sur le versant oriental de l'Estérel, dont les collines, couvertes de pins, viennent plonger dans la mer. Là, point de mistral qui se trouve arrêté par le massif des bois. Aussi a-t-on, à Théoule, la sensation d'un changement subit de climat. On croirait que la Provence est finie et que l'Italie commence. Au dernier plan, les cimes

Plage de la Napoule.

neigeuses des Alpes, faisant fond au golfe de la Napoule, aux blanches villas de Cannes et à la ville de Grasse qui, sur sa colline, domine la riante vallée de la Siagne. A Théoule, un vieux bâtiment, percé de fenêtres en trèfle, était jadis l'habitation féodale d'un seigneur de Villeneuve.

Aujourd'hui, le vieux bâtiment est un hôtel.

La Napoule est un petit hameau bien abrité, dans la riante vallée de la Siagne. On y visite d'intéressantes ruines situées sur le bord de la mer. Ces ruines, dont il ne reste que deux tours carrées, sont celles d'un château fort construit, vers le seizième siècle, par les comtes de Villeneuve, et dans lesquelles est installée une verrerie. C'est à la Napoule que les habitants de Grasse viennent prendre leurs bains de mer. Elle est également le point de départ des excursions dans l'Estérel, soit que l'on remonte la vallée sauvage et abrupte de la Rague, soit que l'on côtoie le cours pittoresque de l'Argentière.

CHAPITRE XII.

CANNES.

Ainsi que les peuples heureux, la ville de Cannes n'a pas d'histoire, ou si peu d'histoire que ce n'est guère la peine d'en parler. Son nom ne figure sur aucun itinéraire à l'époque de la domination romaine. Seules, les *Annales* de Tacite nous donnent quelques renseignements sur cette côte privilégiée du littoral méditerranéen.

Cet écrivain nous apprend que le golfe de la Napoule, dominé par une succession de collines et divisé en deux parties comme celui de Naples, est favorisé d'un merveilleux climat. Il était, sous le règne de Claude, le rendez-vous des familles patriciennes, qui y possédaient des maisons de plaisance. On venait passer l'hiver à Cannes comme à Sorrente, à Misène ou à l'île de Caprée.

Mais tout ce luxe disparut avec l'invasion des barbares. Vandales, Francs, Goths et Sarrasins, après leurs passages successifs, ne laissèrent là que des ruines.

Le célèbre naturaliste suisse de Saussure nous dit qu'il traversa, en 1787, un hameau misérable, où deux ou trois ruelles donnaient asile à quelques familles de pêcheurs. Telle était Cannes au commencement de ce siècle; et pourtant aucune contrée au monde, Menton excepté, ne possède une égalité de climat qui lui soit comparable.

Cependant, et quoique Cannes n'ait pas figuré sur l'itinéraire d'Antonin, un érudit, dont nous avons eu déjà l'occasion de citer le remarquable ouvrage, nous affirme qu'il existait une ville, appelée *Ægitna*, sur la petite colline qui a été le berceau de la ville moderne. Elle était située, paraît-il, plus avant dans l'intérieur des terres, et c'était une bourgade ligure, de la tribu des Oxybiens, dont le nom aurait été conservé par le récit de l'historien Polybe, à l'occasion de l'intervention du consul Q. Opimius venant au secours des Massaliotes, qui, ainsi que nous l'avons dit, avaient toujours été les alliés des Romains.

« La ville barbare, ajoute M. Lenthéric, entourée, suivant l'usage de l'époque, de murailles massives et crénelées, était adossée à la colline et surmontée par une plate-forme qui constituait une sorte de réduit de la place, une véritable acropole, dernier refuge en cas de guerre.

« Le port était plus loin, au bord de la plage, et, selon Strabon, aurait eu, dans ces temps reculés, une réelle importance. Cet écrivain, si sobre de détails, mentionne le port d'Ægitna immédiatement après ceux de Marseille et de Fréjus, sous le nom de *port des Ligures Oxybiens*. Une deuxième ville, ou plutôt un camp retranché, existait à quelques milles dans l'intérieur des terres. Cet oppidum, qui pouvait contenir toute la population, était situé, paraît-il, sur la colline où s'élève aujourd'hui la petite ville de Mougins (1). »

Quelle fut l'importance de cette Ægitna ancienne ? M. Lenthéric déclare n'en savoir pas plus que nous sur ce sujet, attendu qu'il reste à peine quelques traces de cette première période de l'histoire de Cannes. On trouve encore

(1) Ch. Lenthéric, *la Provence maritime, ancienne et moderne.*

moins de traces de l'occupation phénicienne. Il est hors de doute cependant que, bien avant les Grecs, les navires phéniciens connaissaient le golfe de la Napoule, y faisaient des opérations de commerce ou, pour le moins, venaient y chercher un abri comme dans les autres mouillages du littoral. Sans y avoir laissé plus de monuments, l'occupation grecque, elle, commence à entrer dans le domaine de l'histoire positive. Ainsi, on a retrouvé, sur la plage de Cannes, quelques drachmes au type du taureau et du lion, qui prouvent le séjour, dans cet endroit, de commerçants massaliotes. On sait aussi que les victoires du consul Opimius transformèrent la ville ligure en cité gréco-romaine, et qu'elle perdit alors son ancien nom d'Ægitna pour s'appeler *Castellum massilianum*, château marseillais.

Telle est, du moins, l'opinion de M. Alliez dans son ouvrage sur l'origine des îles de Lérins.

Quoi qu'il en soit, et ainsi que nous l'avons dit en commençant, Cannes n'était ni une station pour la flotte romaine, ni une halte pour une armée en campagne. L'ancien itinéraire n'indique que la station voisine sous le nom de *ad Horrea*. C'était un dépôt d'approvisionnements et un entrepôt de réserve, situé à 12 milles d'Antibes, et près de l'embouchure de la Siagne.

C'est à lord Brougham, l'un des plus grands orateurs de l'Angleterre, que l'antique Ægitna doit sa résurrection et sa prospérité actuelle.

En 1831, le grand chancelier, fatigué des luttes de la tribune, frappé au cœur par la perte d'une fille qu'il chérissait, fuyant les brouillards de la Tamise et le milieu qui lui rappelait sans cesse un cruel souvenir, se mettait en route pour visiter l'Italie. A la frontière sarde, les autorités refusent de le laisser passer, redoutant l'invasion du choléra qui, déjà terrible, sévissait à Marseille. Retenu forcément sur le territoire français, il revint sur ses pas et, en parcourant l'Estérel, fut frappé de l'admirable situation du golfe de la Napoule.

C'est ici le pays des roses,
C'est ici qu'il faut s'arrêter,

chante Félicien David dans son opéra de *Lalla-Roukh*, en parlant de la vallée de Cachemire.

A la vue du paysage qui frappait ses regards, le grand chancelier eut sans doute la même impression, car il s'y arrêta avec l'intention d'y passer un mois ou deux. Or, dès le commencement du second mois, il faisait dresser le plan de sa belle villa *Éléonore-Louise*, que tous les touristes vont visiter.

Il l'habita pendant plus de trente ans, et il repose dans le cimetière de Cannes pour l'éternité.

Dès que sa villa fut élevée, l'illustre orateur wigh groupa successivement autour de lui plusieurs de ses compatriotes qui, à leur tour, convièrent à leurs bains de soleil et d'air parfumé leurs parents et leurs amis ; les Lyonnais, les Parisiens vinrent aussi se mettre de la partie, et voilà comment, grâce à sa riante situation et à la prudence italienne, cette misérable bourgade de 1787 est, aujourd'hui, le rendez-vous des aristocraties du monde.

Mais Cannes a su témoigner sa reconnaissance à son fondateur.

Lord Brougham est mort en mai 1868 et, sur une place voisine de l'hôtel de ville, on lui élevait, en avril 1879, une statue de marbre, au milieu de fêtes qui durèrent tout une semaine. Le sculpteur Paul Liénard a représenté son héros debout et tête nue. La main gauche appuyée sur un palmier, y abrite la rose d'Angleterre, et la main droite montre le sol. Deux strophes, gravées en lettres d'or, sont signées par Stéphen Liégeard, un poète de race. Nous ne pouvons résister au plaisir de reproduire la première de ces strophes :

> Entre le jour et l'ombre il veut un peu d'espace,
> Il veut l'oubli flottant sur la vague qui passe,
> Il veut l'or du soleil dans son ciel obscurci...
> Voilà pourquoi, debout, le doigt montrant la terre,
> Il enlace au palmier la rose d'Angleterre
>   Et semble dire : C'est ici !

Du reste, si le touriste veut se rendre compte de la prédilection du noble lord pour cette contrée, il peut, dès son arrivée, embrasser d'un regard Cannes tout entière, son double golfe, ses îles, sa mer d'azur et sa vallée, en faisant l'ascension de la colline boisée, au sommet de laquelle s'élève une croix de fer plantée dans un bloc de rochers. Du haut de ce belvédère que l'on nomme *la Croix des gardes*, on voit se dérouler un admirable spectacle, qui est, en diminutif, la reproduction du golfe de Naples.

A l'époque où j'ai visité Cannes et ses environs, toute la ville était en émoi, la colonie étrangère, les nomades et même les pêcheurs.

Un littérateur venait de publier un livre sur la Provence, et, dans ce livre, il avait écrit : « Ce qui manque à Cannes, comme à Nice, ce sont les promenades. » On juge de l'indignation : un coup de pied dans une fourmilière ! Je respecte l'opinion de cet écrivain, car je la tiens pour sincère, mais je le soupçonne fort d'avoir visité les deux stations dont il parle comme ces intrépides voyageurs qui écrivent un livre sur les mœurs et les coutumes de l'extrême Orient, après avoir visité ces contrées pendant quelques heures et durant les escales des paquebots.

Peut-être aussi n'appelle-t-il pas une promenade celle des Anglais à Nice, et les allées de la Liberté à Cannes ? Peut-être entend-il par promenades les routes forestières qui avoisinent Saint-Raphaël et Valescure ?

En effet, ces deux centres sont adossés à l'Estérel et il suffit de sortir de chez soi pour arpenter, à son gré, 3 lieues de forêt du sud au nord, et 5 lieues de l'ouest à l'est. Non seulement on peut s'y promener, mais on peut s'y perdre. J'en sais quelque chose.

C'était au mois de novembre, je demeurais à Saint-Raphaël, et comme on m'avait signalé un passage de bécasses, je partis après le déjeuner, mon fusil sous le bras. Après avoir traversé les bois de la commune, je m'engageai dans la forêt de l'État, marchant toujours, dans les taillis, à la conquête du gibier désiré. Pas de bécasses ! Je marchais encore, quand, subitement, je m'arrêtai, comme surpris par un phénomène qui se produisait autour de moi. C'est que, dans l'ardeur de ma poursuite, je ne m'étais pas aperçu que le temps avait complètement changé. Quand je m'étais mis en route, le soleil brillait dans un ciel d'azur, et maintenant c'était une petite pluie, fine et serrée, qui formait brouillard et ne permettait pas de voir à cinquante pas devant soi. Il était cinq heures, c'est-à-dire l'heure du retour. Mais où étais-je? De quel côté me diriger pour rentrer au logis? Je n'avais pas de boussole, et la nuit commençait à tomber.

Pendant quelques instants, je l'avoue, je restai là vraiment perplexe, et très chagrin de l'inquiétude que j'allais causer à ma maisonnée. Tout à coup, une idée me vint. J'avais emmené un chien du pays, moitié chien de chasse, moitié chien de garde, qui, dès mon arrivée, m'avait pris en grande affection. Il appartenait au maire de la ville, notre voisin, et on lui avait donné le nom singulier de *Tampon*.

— Parbleu! me dis-je, je vais, dans l'embarras où je suis, me confier à l'instinct de Tampon, c'est lui qui me mettra sur la bonne route.

Nous étions au milieu d'un chemin de traverse. Je mis mon fusil en bandoulière, les mains dans mes poches, et du ton d'un homme qui renonce à chasser davantage :

— Allons, Tampon, rentrons à la maison !

Le chien qui me regardait d'un œil brillant et doré, fit volte-face avec gaieté, et partit à droite.

Je le suivis, modérant son allure par quelques paroles amicales, pour ne pas le perdre de vue. Après avoir fait une centaine de pas sur le chemin de traverse, Tampon tourna brusquement à gauche, prit un sentier qui

14

descendait dans un ravin très profond, et nous remontâmes, par le même sentier, sur le versant opposé. Là, nous prîmes encore à droite jusqu'à la rencontre d'une grande route ferrée. La nuit était complète, et je m'arrêtai pour écouter. Je ne me trompais pas, c'était bien le bruit de la mer.

Nous avançâmes encore une heure environ, le chien toujours devant, et moi prudemment derrière ; puis, j'aperçus des lumières, qui, à travers le brouillard, piquaient l'obscurité de taches jaunâtres... Nous étions à Saint-Raphaël.

Je recommande ce procédé aux touristes égarés qui auront un chien et n'auront pas de boussole.

Mais, revenons aux promenades de Cannes. Elles sont nombreuses, variées, et il y en a pour tous les goûts.

En outre des allées de la Liberté, dont nous venons de parler, on peut suivre le boulevard *de la Croisette,* en longeant le bord de la mer jusqu'au cap du même nom, où est installé le traditionnel tir aux pigeons.

Chemin faisant, l'usage veut que l'on s'arrête sur la gauche, pour visiter le *jardin des Hes-*

BOULEVARD DE LA CROISETTE A CANNES.

DESSIN DE A. DEROY.

pérides. Celui de Cannes n'est pas un séjour enchanté comme son homonyme de l'antiquité, le célèbre jardin des filles d'Atlas et d'Hespéris ; c'est un très vaste enclos où sont alignés des milliers d'orangers qui poussent en pleine terre et dont les fruits mûrissent. Mais là, point de dragon terrible pour garder et défendre les pommes d'or, qu'à l'époque de leur maturité on peut choisir et cueillir soi-même, moyennant une minime redevance.

C'est à l'extrémité de ce boulevard, dont la longueur est de 2400 mètres environ, que s'élève la belle villa *des Dunes* qui fut l'habitation de l'impératrice de Russie, Marie-Alexandrowna, à l'époque de son séjour dans le Midi. Viennent ensuite : la route d'Antibes, le boulevard du Cannet, le boulevard Montfleuri, les Vallergues, et la belle promenade de la Californie, route nouvelle qui s'élève en forme de labyrinthe à travers une forêt de pins jusqu'à une hauteur de 175 mètres.

Sur le sommet, on rencontre un belvédère et une sorte de café-restaurant.

Tout autour de Cannes, les luxueuses résidences et les belles villas ne se comptent plus, et, chaque année, on en construit de nouvelles. Voici d'abord, avec ses murs crénelés et ses tourelles, le château de *la Bocca,* appartenant à la baronne de Hoffmann, qui a voulu égayer son parc en y faisant courir les eaux de la Siagne, et l'embellir en y transplantant les plus beaux palmiers de Bordighera ; l'ancien château *Saint-Georges* construit par sir James Wolfield, et où est mort récemment le duc de Larochefoucauld-Doudeauville qui s'en était rendu propriétaire ; *Éléonore-Louise,* l'aînée de toutes ces belles résidences, qui, commencée en 1831 et achevée en 1834, a coûté, à lord Brougham, 2 millions !

Voici encore le château *Rothschild* sur la route de Fréjus ; le splendide château *des Tours,* au duc de Vallombrosa.

Le décor du troisième acte du *Roi de Lahore,* l'opéra de Massenet, représentant le paradis d'Indra, est la reproduction des merveilleux parterres du château des Tours.

La villa *des Violettes,* au poète Stéphen Liégeard ; la villa *Victoria,* à lord Murray ; la villa *Périgord,* à la princesse de Sagan ; puis, enfin, car nous ne pouvons tout citer, la villa

Caserta, résidence de l'un des frères de l'ex-roi de Naples ; *Henri IV,* au comte de Bardi ; *les Iles,* aux princes de Latour-Maubourg ; *les Dunes,* au prince Radzivill ; *Faustina, Marina,* qui, n'étant pas habitées par leurs propriétaires, ont été louées quelquefois à des étrangers pour la saison.

Sait-on quel est le prix de location de l'une de ces villas pour les six mois — de novembre à mai — qui représentent ce qu'on appelle, à Cannes, *la saison?* Vingt-cinq mille francs ! Et l'Europe et l'Amérique envoient chaque hiver des locataires.

Sur la route d'Antibes s'élève la magnifique villa *Madrid* appartenant à Mme Ettling, qui a fait construire dans sa propriété une charmante petite salle de théâtre. La composition des spectacles, interprétés par des amateurs, est très délicatement choisie : Alfred de Musset, Octave Feuillet ont fait souvent les frais d'esprit de ces représentations très suivies par la colonie étrangère. M. Tripet-Skrypitzine n'a pas installé de théâtre dans sa belle villa *Alexandra,* mais fidèle à son culte d'origine, il a fait construire une chapelle où se célèbre le rite grec. *Thorenc* est, pour deux mois de l'année, l'habitation de la duchesse de Montrose; *Selvosa,* celle de M. Ussher; *Montfleury,* celle de Mme Schenley.

Citons encore, pour terminer, le palais italien, aux galeries à fresques, aux escaliers de marbre, *Fiorentina,* qui a pour maître et seigneur sir Julian Goldsmid; *Isola-Bella,* résidence habituelle du duc régnant de Mecklembourg-Schwerin; *les Fayères*, au duc de Chartres; *Saint-Jean,* retraite préférée d'un exilé d'hier qui ne peut plus venir oublier sous ses ombrages qu'il est le fils aîné de la maison d'Orléans; le château *Scott,* etc., etc.

Quant aux riches hôtels où l'hospitalité est aussi princière que peu écossaise, on n'a que l'embarras du choix : *Splendide-Hôtel,* le *Continental, Beau-Site, Belle-Vue, Beau-Rivage* sont toujours prêts à offrir aux visiteurs, luxueux appartements, menus délicats et vins des premiers crus.

Quand, durant la saison d'hiver, toutes ces riches demeures sont habitées, la population de Cannes qui, l'été, se chiffre par 20000 habitants, s'élève alors à 40000.

Il convient d'ajouter que, dans ce dernier chiffre, il faut comprendre les nomades, c'est-à-dire les commerçants, les industriels, les fournisseurs, les loueurs, qui suivent les déplacements de la colonie étrangère comme une vivandière suit son corps d'armée.

Quand je me rendis de Cannes au Golfe-Juan et à Vallauris pour visiter la fabrique de céramique de M. Clément Massier, j'avais pris une voiture particulière qui stationnait sur la place des allées de la Liberté. La saison était déjà assez avancée, car nous étions à la fin du mois d'avril. Lorsque nous arrivâmes à la haute colline boisée qui est dominée par l'observatoire de la Corniche, je descendis, préférant monter la côte à pied, et, chemin faisant, je demandai à mon conducteur si la voiture lui appartenait.

— Oh non! monsieur, me répondit-il, je n'ai pas cette chance ; elle est au patron qui possède, à lui seul, huit voitures et quinze chevaux.

— Et votre patron habite le pays?

— Il l'habite pendant six mois de l'hiver, mais jamais l'été.

— Quel grand seigneur ! Et où demeure-t-il l'été ?

— A Aix-les-Bains. Nous allons tous, patron, cochers, chevaux et voitures, partir le 15 du mois prochain pour cette ville thermale, et nous y resterons jusqu'au 1er octobre.

— Et, à cette date, vous quitterez Aix-les-Bains pour revenir à Cannes où vous séjournerez jusqu'au 15 mai suivant ?

— Oui, monsieur, c'est bien cela.

— Et combien de temps mettez-vous pour aller de Cannes à Aix-les-Bains ?

— Huit ou dix jours environ, car nous nous y rendons à petites journées, pour ne pas fatiguer les chevaux.

Il en est de même pour les fournisseurs et les commerçants. Vous pouvez lire sur la plupart des boutiques qui, pour le luxe de leurs étalages, rivalisent avec celles de Paris : « Maison à Vichy... à Allevard... à Aix-les-Bains, etc. »

Tous les touristes qui connaissent Dieppe, sur la côte normande, connaissent le Polet, ce quartier des pêcheurs, si différent de la ville même. Les grandes stations d'hiver de la Méditerranée ont toutes un quartier semblable, sorte de cour des Miracles honnête et laborieuse, où la famille du pêcheur coudoie la famille de l'artisan. Le Polet de Cannes se nomme *le Suquet*, et les amateurs de pittoresque ne regretteront pas d'y avoir fait une petite excursion. Il est situé à l'extrémité des allées de la Liberté, derrière le port. C'est un véritable labyrinthe, enchevêtré de ruelles rudement pavées, d'escaliers de pierre, de rues étroites, tantôt collines, tantôt ravins, où les enfants pullulent, où les chiens aboient et « où les femmes y jouent de l'aiguille et de la langue, appuyées au chambranle des portes ». Ce vieux quartier, berceau de Cannes, est dominé par le mont Chevalier, colline sur le plateau de laquelle s'élève l'antique église de *Notre-Dame d'Espérance*. Cette basilique du dix-septième siècle est la gardienne des reliques d'Honorat.

Ainsi que nous croyons l'avoir fait comprendre par ce qui précède, Cannes est essentiellement une ville de *high-life*, c'est-à-dire que la vie y est fort chère, et n'est pas accessible à toutes les conditions. Aussi les anémiques, les valétudinaires, les malades atteints d'affections des voies respiratoires, tous ceux, enfin, à qui ce climat est recommandé, se rendent-ils de préférence au Cannet, quand leurs revenus, souvent modestes, ne leur permettent pas un séjour prolongé dans la grande ville.

Le Cannet est un joli village de 2500 habitants, situé à 3 kilomètres de Cannes et à l'extrémité supérieure d'un vallon parfaitement abrité. On voit là de vieux oliviers qui, par leurs dimensions colossales, peuvent rivaliser avec ceux que l'on admire aux environs de Nice, à Beaulieu, à Villefranche.

Avant de passer aux excursions qui sont nombreuses dans le voisinage de Cannes, disons quelques mots de son port et de son mouvement commercial. La baie, qui est semée d'écueils, est absolument inabordable à la marine de guerre, mais elle est accessible aux bateaux de pêche et de cabotage. La pêche y est représentée par une centaine de bateaux, montés par trois cents pêcheurs. Le mouvement du cabotage, tant à l'entrée qu'à la sortie, donne le chiffre de 25000 tonnes. Cannes étant, par sa situation, le port naturel de la vallée de la Siagne, c'est là que viennent se concentrer les produits agricoles de cette vallée, et les produits industriels de Grasse qui, on le sait, a le monopole, en quelque sorte, de toutes les essences premières de la parfumerie. Les jolies poteries de Vallauris prennent aussi le même chemin. Mais, quelle que soit la prospérité de la campagne environnante, le port restera toujours dans un rang tout à fait secondaire.

Toutes les excursions qui, de Cannes, ont l'Estérel pour objectif, sont mitoyennes à Saint-Raphaël. C'est de cette dernière ville que nous avons conduit le lecteur à la Sainte-Baume d'Honorat, au cap Roux, au mont Vinaigre, à l'auberge des Adrets, au Malinfernet, et nous n'avons plus à y revenir. Pour visiter ces localités, en partant de Saint-Raphaël, on procède du nord au sud, et en partant de Cannes, du sud au nord. Voilà toute la différence.

CHAPITRE XIII.

LES ILES DE LÉRINS.

Le principal attrait du golfe de Cannes, et qui lui est bien personnel, cette fois, est situé vis-à-vis de sa plage, en mer, et à une demi-lieue de distance. Ce sont les deux îles de *Saint-Honorat* et de *Sainte-Marguerite* ou *îles de Lérins.*

Ces deux îles, toutes deux de forme elliptique, ne possèdent pas la même surface. Sainte-Marguerite est de beaucoup la plus grande et a 7 kilomètres de circuit, tandis que Saint-Honorat mesure à peine 1 kilomètre. Cette dernière est cependant la plus intéressante, et c'est elle que l'on visite presque toujours en premier lieu. Nous commencerons donc par l'île Saint-Honorat.

Un érudit de jadis, moine de l'abbaye de Lérins, Vincentio Barrali, fit imprimer à Lyon, en 1613, un in-folio intitulé : *Chronologie des abbés, des saints et illustres personnages de l'île sacrée de Lérins*. Un érudit de nos jours, puisant à cette source authentique, l'abbé Alliez, a publié, en 1862, une *Histoire du monastère de Lérins* qui est des plus exactes et des plus intéressantes. Le cadre de cet ouvrage ne nous permet pas d'analyser le travail de l'abbé Alliez; mais nous pouvons, en quelques lignes, en dégager les faits principaux.

En l'an 375 de l'ère chrétienne, le fils aîné d'une famille consulaire et païenne, nommé Honorat, était touché par la grâce et recevait le baptême. Après un pèlerinage à Jérusalem, il venait aborder en Provence pour retrouver saint Léonce dont il était le disciple et qui avait été nommé évêque de Fréjus. Alors, pour ne pas se séparer de son maître, il vint s'établir dans les solitudes de l'Estérel et y occuper une grotte située au cap Roux que, depuis, et d'âge en âge, on a appelée *la Sainte-Baume d'Honorat*. Aujourd'hui encore, ainsi que nous l'avons dit, cette grotte est un lieu de pèlerinage auquel, de tous les environs, on se rend le premier jeudi du mois de mai.

Mais, une nuit, paraît-il, Honorat entendit des voix qui lui ordonnaient d'aller prendre possession de Lérina, la plus petite des îles de Lérins, et, descendant aussitôt des hauteurs du cap Roux, il gagna le rivage, étendit son manteau sur les flots en guise de nacelle, et vogua vers l'île désignée. Il y jeta, tout aussitôt, les fondements de l'abbaye qui porte encore son nom. Réunissant ses disciples autour de lui, il vit sa fondation prospérer et devenir, à travers les invasions des barbares, un véritable sanctuaire de littérature et de science. En quelques siècles, la communauté des religieux de Lérins devenait le refuge de l'esprit humain et comptait plusieurs milliers de sujets. Pendant près de dix siècles, l'île Saint-Honorat fut une véritable école de lettrés et de savants. Les dons affluaient de tous côtés dans l'île sainte, et la communauté devint de plus en plus puissante et de plus en plus riche ; trop riche même, car, à partir du dixième siècle, on signalait fréquemment des invasions sarrasines attirées là par l'attrait du pillage. « L'île était envahie, le couvent profané et surtout dépouillé, les religieux violentés et quelquefois mis à mort. »

De telle sorte que le couvent de Saint-Honorat dut être fortifié et, qu'à l'exemple des églises de Templiers, il fut transformé en citadelle. Mais le glaive s'allie mal avec le calice, et les exercices du corps ayant remplacé l'étude, la discipline religieuse s'étant affaiblie chaque jour davantage, la période militaire amena la ruine du glorieux monastère fondé par saint Honorat. Les désordres devinrent tels que, par une bulle du pape Pie VI, la suppression canonique de l'abbaye fut prononcée, et sa réunion à l'évêché de Grasse décidée en 1788.

« Le voyageur qui met aujourd'hui le pied sur ce rocher, si plein de souvenirs, est tout d'abord frappé du nombre des ruines et de l'amas de décombres qu'il voit autour de lui. En certains endroits, les tuiles romaines, les débris de matériaux frustes, les fragments de colonnes, de marbres, de chapiteaux, jonchent le sol. Le grand donjon carré, construit au douzième siècle pour la défense de l'île contre les Sarrasins, commande fièrement la mer; ses hautes murailles, jaunies par le soleil, et ses parapets crénelés se découpent d'une manière admirable sur le bleu foncé de la Méditerranée et semble protéger encore la petite église à demi ruinée qui fut le sanctuaire des premiers religieux. Tout est détruit à l'intérieur; mais on ne saurait parcourir sans intérêt ces salles effondrées, ces souterrains ombragés par les décombres, et ces longs corridors où l'ogive et le plein cintre s'entre-croisent dans un pêle-mêle confus (1). »

Après sa sécularisation et la réunion de son chapitre à l'évêché de Grasse, l'île de Saint-Honorat fut vendue aux enchères; elle passa successivement dans les mains de plusieurs acquéreurs laïques, jusqu'en 1859, année où elle fut enfin rachetée par les évêques de Fréjus et rendue à sa destination première. Aujourd'hui, l'ordre des Bénédictins y a établi un orphelinat bien aménagé, où l'on donne aux enfants une instruction primaire, avec la pratique de quelques métiers manuels. *Sic transit gloria mundi!*

Un petit bras de mer, semé d'écueils, sépare l'île Saint-Honorat de l'île Sainte-Marguerite. Cette dernière qui, ainsi que nous l'avons dit, est beaucoup plus grande que sa sœur jumelle, présente d'assez nombreux accidents de ter-

---

(1) Prosper Mérimée, *Voyage dans le midi de la France.*

rain et possède un magnifique bois de pins qui s'élève sur sa partie orientale et donne aux promeneurs un ombrage des plus agréables. Sainte-Marguerite, qui appartint longtemps au monastère de Saint-Honorat, fut cédée par les moines de cette abbaye aux habitants de Cannes jusqu'au jour où, par raison d'État, le cardinal de Richelieu en prit possession, la France étant alors en guerre avec l'Espagne. Mais Richelieu n'ayant pas eu le temps d'y faire élever des fortifications, elle fut conquise, ainsi que Saint-Honorat, par les Espagnols qui l'occupèrent deux ans, après lesquels ils en furent chassés par Duquesne. Elle fut conquise encore en 1746 par les Autrichiens et par les Piémontais, aidés, naturellement, par la flotte anglaise, l'abaissement de la France ayant toujours été la politique de l'Angleterre. Mais, en 1747, le chevalier de Belle-Isle forçait l'ennemi à capituler, et l'île rentrait ainsi en notre possession.

Aujourd'hui, c'est le fort que l'on va visiter; ce fort qui, depuis près de trois siècles, a joué un si grand rôle historique, par suite des prisonniers célèbres qui y ont été enfermés! Le plus célèbre de tous est certainement celui dont la naissance mystérieuse a défrayé tant de livres et tant de romans. J'ai nommé *l'Homme au masque de fer*. Depuis deux siècles, pour résoudre ce problème, qui a toujours éveillé si vivement la curiosité publique, on a fouillé tous les documents, toutes les archives, et aucun écrivain n'a pu apporter une certitude convaincante, absolue. Le prisonnier d'État masqué a été d'abord le comte de Vermandois, fils de Louis XIV et de Mlle de la Vallière, et il aurait été incarcéré pour avoir donné un soufflet au Dauphin, le duc de Bourgogne, et par crainte de sa ressemblance avec son père ; puis le duc de Beaufort, disparu d'une façon étrange devant Candie, en 1669. Lagrange-Chancel qui, lui aussi, fut enfermé à l'île Sainte-Marguerite, quelques années après que l'Homme au masque de fer eût été transféré à la Bastille, affirma que le gouverneur lui assura alors que le prisonnier en question était bien le duc de Beaufort. Enfin, et pour nous c'est la supposition la plus plausible, le personnage en question était un frère aîné ou un frère jumeau de Louis XIV. Comment expliquer autrement les précautions minutieuses qui avaient été prises pour entourer de mystère l'état civil du personnage ? Comment expliquer les marques de profond respect dont il était l'objet au milieu d'une captivité rigoureuse, sans issue, éternelle ? En 1769, le père Griffet, de l'ordre des Jésuites, confesseur à la Bastille, et nommé, par la suite, prédicateur du roi, publia un ouvrage intitulé : *Traité des différentes sortes de preuves qui servent à établir la vérité dans l'histoire*. Il produisit, dans ce livre, des documents authentiques d'une valeur incontestable. C'était l'acte de décès de l'ex-prisonnier de Sainte-Marguerite, copié sur les registres de la paroisse de Saint-Paul, et quelques fragments du journal de Du Junca, lieutenant du roi à la Bastille. Voici l'acte de décès :

« L'an 1703, le 19 novembre, *Marchialy*, âgé de quarante-cinq ans *ou environ*, est décédé dans la Bastille, duquel le corps a été inhumé dans la paroisse de Saint-Paul, le 20 dudit mois, en présence de M. Rosargues, major de la Bastille, et de M. Reilh, chirurgien de la Bastille. »

Voici maintenant un des fragments du journal quotidien de Du Junca, le lieutenant du roi dans cette forteresse :

« Le lundi 19 novembre 1703, le prisonnier inconnu, toujours masqué d'un masque de velours noir, que M. de Saint-Mars, gouverneur, a amené avec lui des îles Sainte-Marguerite, et qu'il gardait depuis longtemps, s'étant trouvé, la veille dimanche, un peu mal en sortant de la messe, est mort sur les dix heures du soir, sans avoir eu une grande maladie. Ce prisonnier inconnu, gardé depuis si longtemps, a été enterré le mardi, à quatre heures de l'après-midi. Sur le registre mortuaire on a donné *un nom inconnu*. »

Il est évident, pour toute personne qui veut réfléchir un peu, que le nom de Marchialy a été inventé au dernier moment, et pour les besoins de la cause. Quel était donc alors le véritable nom de cet homme ? La divulgation de ce nom eût donc été un coup de foudre ? En tout cas, l'opinion qui fait du Masque de fer un frère aîné de Louis XIV est celle qui réunit le plus grand nombre d'adhésions. La lumière n'est pas encore faite sur ce problème, et elle ne se fera probablement jamais. Les précautions pour faire disparaître un homme qui eût pu infirmer la légitimité des Bourbons ont été si bien prises, que le secret en est resté et en restera impénétrable. On s'en tiendra toujours aux suppositions. Mais le Masque de fer n'a pas été le seul prisonnier de marque incarcéré aux îles Sainte-Marguerite, et on trouve dans la correspondance de Saint-Mars bien d'autres détails désignant certains fils de grande naissance qui y furent détenus pour prodigalités, inconduite ou autres méfaits. Lors de la révocation de l'édit de Nantes, encore, un grand nombre de nobles appartenant à la religion réformée et de ministres protestants y furent incarcérés pendant longtemps.

Plus récemment, à l'époque de la conquête de l'Algérie, ce fort fut désigné comme lieu d'internement des prisonniers arabes, surtout après l'expédition de Kabylie.

Enfin, après l'Homme au masque de fer, l'homme de Metz! La trahison d'un maréchal de France n'a pas été, malheureusement cette fois, une énigme pour la France. Tout le monde sait comment il s'est évadé, et tout le monde connaît également l'admirable pièce de Victor

Hugo sur ce sujet, dans laquelle le poète affirme qu'en quelque lieu du monde que ce soit, on ne *s'évade pas* de l'infamie, et qui se termine par ce beau vers :

Et qui donc, maintenant, dit qu'il s'est évadé !

De l'extrémité orientale de Sainte-Marguerite on aperçoit un îlot inculte et désert : c'est l'îlot de *Saint-Ferréol*, nom d'un ermite qui s'y était retiré et y fut massacré, dit la tradition, par les Sarrasins.

Ce rocher a été, pendant cinq ans, et à la suite de circonstances étranges, le sépulcre d'un virtuose dont l'existence aventureuse, accidentée, ne fut pas moins étrange que la fin que lui réservait sa destinée.

Nous voulons parler de Paganini. Ce célèbre violoniste, né à Gênes en 1784, mourut à Nice le 27 mai 1840. Son fils, qui l'accompagnait, suivant les instructions de son père, fit transporter la dépouille mortelle à Gênes, où le grand artiste avait désiré être inhumé.

Mais le fils, exécuteur testamentaire, ne s'attendait pas à l'accueil que lui réservait la ville natale de son père. Le clergé de Gênes refusa d'ensevelir un damné, et la municipalité ne voulut pas recevoir, dans sa cité, le corps d'un homme qui, disait-on, était mort du choléra.

Voilà donc le malheureux orphelin obligé de se remettre en route à la recherche d'une tombe pour son père. Il revient alors vers Marseille qui, aussi inexorable que Gênes, lui refuse l'entrée du cimetière Saint-Charles; à Cannes où il se présente, même refus. C'est alors qu'en désespoir de cause, il avisa l'îlot de Saint-Ferréol, îlot inhabité auquel on lui permit de confier son triste dépôt.

Le corps de Paganini y resta pendant cinq ans, jusqu'au jour où, mieux inspirée, Gênes consentit à donner asile aux restes du grand artiste.

Depuis lors, paraît-il, les idées des Génois ont bien changé, car, me trouvant à Gênes, et visitant l'église San-Lorenzo, le sacristain qui m'en faisait les honneurs me dit tout à coup et solennellement, en me montrant une des stalles de chêne qui entourait le chœur :

— Tenez, signor, asseyez-vous là?

Et comme j'hésitais, appréhendant — ainsi que pour les épreuves de la Sainte-Vehme —

de disparaître dans quelque crypte souterraine, il répéta avec son accent italien :

— Asseyez-vous là, et, après, vous serez bien content!

L'hésitation n'était plus possible, aussi bravement, je pris place sur le siège qu'il me désignait.

Rien ne bougea.

— Eh bien? fis-je étonné, et après quelques instants ?

— Eh bien! s'écria-t-il d'un air de triomphe, vous pourrez dire à tout le monde, maintenant, que vous vous êtes assis dans la stalle de Paganini !

J'avais envie de lui répondre: « Voilà de ces instants qui font aimer la vie ! » Mais il n'aurait pas compris.

CHAPITRE XIV.

GRASSE.

C'est à la gare de Cannes que se trouve l'embranchement de 20 kilomètres qui conduit à Grasse. Trois quarts d'heure suffisent pour franchir la distance qui sépare les deux villes, et il n'est pas permis au touriste de quitter Cannes sans avoir rendu visite à sa voisine des montagnes.

Grasse est, en effet, admirablement située et sous un climat d'une douceur charmante. Un grand nombre de malades préfèrent ce climat à celui de Cannes, dont l'air, pour certaines affections, est souvent trop vif, trop chargé de principes salins, en raison de son voisinage de la mer. Je sais bien, pour ma part, que si j'étais médecin, ce n'est pas à Cannes, mais à Grasse que j'enverrais mes malades atteints d'affections de poitrine. Là, point de mistral, et le soleil y a des caresses qui mûrissent les dattes, les oranges et les citrons.

Selon quelques savants, et des savants provençaux, gens d'imagination comme on sait, Grasse aurait été fondée par Crassus, lieutenant de César; suivant d'autres, elle devrait son origine à une émigration de juifs, vers le septième siècle.

Ceci nous intéresse peu, n'entendant pas choisir entre l'une ou l'autre de ces deux versions et renvoyant les érudits et les étymologistes à l'ouvrage de l'abbé Massa, qui a publié une histoire très exacte et très intéressante de cette cité.

Ce qui est authentique, c'est que, dès le principe, Grasse fut industrieuse et commerçante. Jadis, c'étaient ses fabriques de gants et ses savonneries qui étaient renommées; aujourd'hui, sa supériorité est incontestable pour la fabrication des essences premières de tous les parfums.

Aussi, quelle serre embaumée que cette contrée!

Dans la montagne, on récolte le thym, la menthe, la lavande, le fenouil, le romarin; dans la campagne, on cultive la rose, la violette, le jasmin, le réséda, la cassie, l'héliotrope, la jonquille, la tubéreuse, la fleur de l'oranger... et toute cette flore est la matière première pour les distilleries, les laboratoires de parfums, qui sont nombreux à Grasse.

Si l'on veut visiter une de ces distilleries, on n'a que l'embarras du choix, et on suivra avec intérêt des préparations curieuses. Cependant, on n'y peut séjourner impunément et, pour les visiteurs, de grandes précautions sont à prendre, car l'oxyde de carbone que dégagent certaines fleurs est tout aussi dangereux que les émanations de l'acide carbonique, et nous avons été témoin, dans la personne d'une jeune visiteuse, d'un commencement d'asphyxie.

Il faut songer que la matière première représente des montagnes de fleurs ; que, pour produire 1 kilogramme d'essence, il ne faut pas moins de 12 000 kilogrammes de feuilles de rose ! Cinq mille mètres de terrain couvert de pieds de violette donnent une récolte annuelle de 1 000 kilogrammes de ces fleurs !

Il est vrai que, Grasse ayant conquis sa réputation dans cette industrie, ses produits étant renommés dans l'univers, les prix qu'elle en obtient sont assez rémunérateurs. Là, 1 kilogramme d'essence de rose ne se vend pas moins de 2 400 à 2 500 francs.

Outre ses essences de toutes sortes, dont elle exporte plus de 1 million de litres par année, Grasse produit des huiles d'olive excellentes, très recherchées sur les marchés de Nice et de Marseille.

Nous avons dit que Cannes, ville de luxe, et ville de luxe moderne, n'avait pas d'histoire. Il n'en est pas de même pour Grasse qui, dès le moyen âge, peut revendiquer des aïeux. Elle était terre de *franc-alleu*, c'est-à-dire peuplée d'hommes libres ne devant de redevance à personne.

Lors de la rivalité de François I*er* et de Charles-Quint, elle fut prise et pillée par les troupes du roi d'Espagne ; en 1589, le baron de Vins l'assiégea à la tête des ligueurs qu'il commandait. Mal lui en prit, car il fut tué par les Grassois, qui repoussèrent plusieurs assauts de ses troupes et ne se rendirent qu'à des conditions honorables.

Très éprouvée dans sa population par la grande peste de 1580, elle le fut, peut-être, davantage encore, dans sa prospérité, par l'hiver rigoureux de 1709, un hiver comme, de mémoire de Provençal, on n'en avait vu dans ces contrées. Une gelée, qui dura deux mois et qui fut telle que toutes les rivières furent prises de leur source à leur embouchure, ruina totalement les campagnes, n'épargnant aucun arbre, pas plus l'olivier que l'oranger ou tout autre arbuste à parfum. Saint-Simon parle de cette année désastreuse dans ses célèbres *Mémoires* :

« Cette gelée perdit tout, écrit-il; les arbres fruitiers périrent, il ne resta plus ni oliviers, ni vignes, à si peu près que ce n'est pas la peine d'en parler. Les autres arbres moururent en très grand nombre, et tous les grains dans la terre. On ne peut comprendre la désolation de cette ruine générale. »

Grasse possède quelques édifices assez remarquables. Le plus ancien est la tour romaine attenant à l'hôtel de ville, ancien palais des évêques.

La cathédrale est un monument gothique, assez bas et assez lourd. A l'intérieur, on vous montre trois tableaux de maîtres : une toile de

Fragonard père, un *Jugement dernier*, de Gué, et une *Assomption*, de Subleyras.

Le double perron qui conduit à la plate-forme de l'église a été construit d'après les dessins de Vauban, ainsi que les deux cryptes creusées dans le roc, à droite et à gauche de l'entrée principale. La statue de la Vierge, de grandeur naturelle, domine toute la façade de l'édifice dans une niche de forme ogivale.

On visite également l'ancienne chapelle *Saint-Sauveur*, qui a la forme d'un polygone à seize côtés, et trois tableaux qui ornent les murs de l'hôpital : l'*Exaltation de la croix*, *le Crucifiement* et *la Couronne d'épines*, attribués à Rubens.

La bibliothèque contient environ dix mille volumes et possède surtout de précieux manuscrits, parmi lesquels figurent les archives de l'abbaye de Lérins.

Mais ce dont les habitants de Grasse sont fiers à bon droit, c'est de leur Cours ou promenade. C'est une belle terrasse d'où l'on aperçoit les flots bleus de la Méditerranée à la suite d'un océan de verdure qui va en s'abaissant jusqu'à la mer.

LA PLACE DU MARCHÉ A GRASSE.
DESSIN DE CHARPIN.

Ils ne sont pas moins fiers d'une source aussi riche que limpide qu'ils nomment *la Foux* (probablement du mot latin *fons,* fontaine). On la voit jaillir à grands flots sur le cours du Jeu-de-ballon.

Cette source est d'une telle abondance, qu'après avoir alimenté toutes les fontaines publiques et particulières de la ville, elle fait mouvoir encore une centaine d'usines et sert à l'irrigation de toutes les cultures de fleurs. C'est, évidemment, à ces irrigations qu'il faut attribuer la fertilité exceptionnelle de la contrée. « L'agriculture, disait un grand économiste, c'est tout simplement l'eau et le soleil. »

Les habitants de Grasse ne vivent pas seulement de parfums, et l'on peut s'en convaincre en traversant une des places de la ville qui, les jours de marché, est encombrée de bétail. Il se fait là un trafic très important.

Évariste Fragonard, peintre et sculpteur, qui eut de grands succès sous la Restauration, est né à Grasse en 1780, pendant un assez long séjour qu'y fit son père, Honoré Fragonard, le peintre à la mode au dix-huitième siècle.

C'est à l'époque de ce voyage, dit-on, que ce dernier apporta de Paris cinq panneaux décoratifs, qui lui avaient été commandés par la comtesse du Barry pour sa villa de Louveciennes et dont elle avait refusé de prendre livraison.

Depuis lors, ces panneaux sont restés à Grasse et, avec une autorisation, on peut les voir chez leur heureux possesseur, M. Malvilain.

Grasse, qui renferme une population de 12 000 habitants, est également la patrie du botaniste Jaume-Saint-Hilaire.

Sur le parcours de Cannes à Grasse, on ne rencontre qu'une seule station.

C'est *Mouans-Sartoux*, un village fort riant, fort gai, ombragé de grands pins-parasols. On peut y voir encore un château féodal, flanqué de vraies tourelles, dans lequel la baronne Suzanne de Villeneuve, une châtelaine de 1592, à la tête de son personnel, résista victorieusement au duc de Savoie.

CHAPITRE XV.

LE GOLFE-JUAN ET VALLAURIS.

De Cannes au *Golfe-Juan*, les villas se succèdent sans interruption le long de la plage et s'étendent, sans solution de continuité, jusqu'à Antibes.

C'est au golfe Juan, qui mesure des profondeurs de 50 mètres, que, chaque hiver, viennent évoluer les escadres de la Méditerranée, et c'est là que débarqua Napoléon Ier, le 1er mars 1815, à son retour de l'île d'Elbe.

Sur la route de Cannes à Nice, on peut voir, au croisement du chemin qui relie la gare à la route d'Antibes, un petit monument surmonté d'une colonne, destiné à perpétuer la marque de l'emplacement où Napoléon passa la nuit.

A cet endroit, deux chemins se présentent au choix du voyageur : la route du bas et la route du haut. Il peut, à son gré, suivre les bords du rivage jusqu'à Antibes, ou, gravissant la belle promenade de la Californie redescendre à Vallauris.

Par le premier itinéraire, on peut admirer, et même visiter les belles villas qui sont accessibles à tout le monde. *Camille-Amélie*, à M. Dognin, est un exemple du degré de beauté que la flore exotique peut atteindre sous ce climat privilégié. La collection en est vraiment merveilleuse.

A l'ouest du golfe, sur le versant d'une colline boisée, s'élève le quartier nommé *Cannes-Éden*, qui a été créé en 1875.

Là, les buts d'excursions ne manquent pas, et l'on peut choisir entre le col *du Pezou,* la chapelle *Saint-Antoine* et le plateau du *Grand-Pin*.

Malheureusement ou heureusement, car tout dépend de la manière de voir, la spéculation est venue mettre son argent dans l'affaire. La nature primitive, agreste, sauvage, de ce côteau du Grand-Pin a été remplacée par des chemins bien alignés et ratissés, ainsi que nous l'avons vu pour Saint-Aygulf, où nous avons parcouru l'allée Alfred de Musset et l'avenue Berlioz. Ici point d'art ni de litttérature.

L'allée du Repos conduit à l'allée Beau-Soleil ou à l'avenue des Fleurs. Si les noms ne se ressemblent pas, les poteaux indicateurs se ressemblent.

Mᵐᵉ Adam, la directrice actuelle de *la Nouvelle Revue*, a longtemps habité la villa *des Bruyères*, et elle a été tellement charmée de son séjour dans cet endroit, qu'elle a publié une description tout à fait remarquable du merveilleux panorama qui se déroulait sous ses yeux (1).

Il ne faut pas plus d'une demi-heure pour se rendre du Golfe-Juan à *Vallauris* (*Vallis aurea*, vallée d'or). C'est une commune de 4 000 habitants, qui, si l'on s'en rapporte à la tradition, fut fondée au seizième siècle par un moine de l'abbaye de Lérins. Aujourd'hui, Vallauris emprunte surtout son importance au grand établissement de céramique dirigé par M. Clément Massier. Là, le touriste, sûr d'un affable accueil, peut assister à la fabrication des terres cuites et des poteries, depuis le vase corinthien jusqu'à la vulgaire marmite de ménage.

(1) *Voyage autour du Grand-Pin*, par Mᵐᵉ Juliette Lamber.

CHAPITRE XVI.

ANTIBES.

On compte une distance de 20 kilomètres entre la pointe de l'Aiguillon qui termine le massif de l'Estérel et le cap de la Garoube, derrière lequel s'élève la ville d'Antibes. La Garoupe est la presqu'île qui sépare le golfe Juan du golfe de Nice.

Antibes, ainsi que l'indique la traduction de son nom ancien, *Antipolis*, devait être la sentinelle avancée chargée de protéger les colonies phocéennes contre les invasions incessantes des Ligures. Cependant, pas plus à Antibes qu'à Nice on n'avait trouvé de preuves convaincantes de l'occupation grecque, lorsqu'en 1866 le docteur Mougins de Roquefort fit la découverte d'un galet sur lequel étaient gravés, en caractères ioniens, deux vers en quatre lignes. Cette inscription sur cet énorme galet, qui pèse 66 livres et mesure 60 centimètres de long sur 21 centimètres de large, a permis de faire remonter l'existence de la cité phocéenne d'Antipolis au cinquième siècle avant notre ère.

A l'occupation grecque succéda l'occupation romaine, qui fit d'Antibes, selon toutes probabilités, l'arsenal maritime de Cimiès. Cet arsenal fut construit, sans doute, avec les débris de la ville grecque, de même que la ville du moyen âge fut bâtie avec les matériaux des ruines romaines; car, de tout temps, paraît-il, Antibes était destinée à devenir un arsenal.

A son tour, Vauban, obéissant aux ordres de Richelieu, la transforma en place de guerre, ainsi qu'on peut le voir encore par l'enceinte bastionnée qui l'entoure et le fort carré qui la domine.

Aujourd'hui, avec les progrès de la science et la transformation du matériel de guerre, ces fortifications ne sont plus qu'un souvenir historique; aussi les habitants sollicitent-ils un déclassement qui les autorise à se débarrasser de leur ceinture de pierre, pour devenir, sans plus de prétention, comme Hyères, Saint-Raphaël et Cannes, une des stations d'hiver de la Méditerranée.

En attendant la décision de l'État, le tour des remparts est une agréable promenade, aussi bien qu'une visite à l'estacade du port. Le bassin est peu profond, mais il sert de refuge aux tartanes et aux caboteurs surpris par la tempête. On estime à deux cent cinquante bateaux le mouvement du port, et le tonnage des marchandises importées ou exportées dépasse annuellement 10 000 tonnes. Antibes est un port de troisième ordre. Son commerce d'exportation consiste surtout en pierres de taille et en matériaux de construction ; viennent ensuite les conserves de tomates, les poteries et les fruits, raisins, figues et olives.

On entre dans Antibes par la porte de la Marine, qui conduit au Cours, belle promenade ombragée d'arbres, et, de cette promenade, on se rend à la place Masséna, où s'élèvent l'église paroissiale et l'hôtel de ville. Le clocher de cette église est une tour qui remonte à l'époque gallo-romaine.

Si, comme à Nice, les habitants d'Antibes ont donné à l'une de leurs places le nom de *Masséna*, c'est que ce héros du premier Em-

ANTIBES, VUE PRISE DE LA RADE. — DESSIN DE F. DE MONTHOLON.

pire, né à Nice en 1758, a longtemps habité Antibes et s'y est marié. Il y vivait retiré avec le grade d'adjudant sous-officier au régiment de Royal-Italien, quand éclata la grande Révolution française de 1789. Il s'engagea alors résolument sous les drapeaux de la République, et fut incorporé comme adjudant-major au 3e bataillon des volontaires du Var. En 1792, il était déjà chef de ce bataillon, et, de victoire en victoire, il devint maréchal de France, duc de Rivoli, prince d'Essling.

La place Masséna conduit à la place Nationale, au milieu de laquelle a été élevée la colonne commémorative de la belle défense d'Antibes en 1815. Elle forme fontaine, avec vasques et bassins.

On ne peut visiter Antibes sans se rendre au cap qui n'en est éloigné que de 2 kilomètres. La presqu'île du cap, qui est remarquable par la beauté de sa végétation, se termine par deux batteries de côtes : la batterie de la Fauconnière et la batterie Graillon, et par un phare de premier ordre.

Au delà du phare, sur la droite d'un joli bois de pins et de cèdres, on rencontre la villa *des*

Chênes verts, appartenant au célèbre dramaturge Adolphe d'Ennery, l'auteur de *la Grâce de Dieu* et des *Deux Orphelines*. Construite dans le style de la renaissance, cette villa est surtout renommée par ses magnifiques jardins. Elle a pour voisines la *Villa close* et *Eilen-Roc*, propriété de M. Willye, cette dernière très curieuse par sa succession de grottes formées par les rochers ; et enfin le *Grand Hôtel du Cap*, qui fut construit jadis, et dans un but tout humanitaire, sous les inspirations de Villemessant, l'habile créateur et administrateur du *Figaro*.

Il voulait que ce beau séjour devînt l'asile, la retraite des hommes de lettres et des artistes malades ou valétudinaires. En effet, avec sa façade double, sa cour royale, ses deux ailes en retour et son perron en fer à cheval, ce palais, terminé par des jardins qui descendent jusqu'à la plage, eût été la fin idéale d'une vie d'artiste. Mais la destinée en a décidé autrement, et la villa *Soleil* est aujourd'hui un hôtel assez fréquenté où l'hospitalité se vend assez cher, nous dit-on, et ne se donnera probablement jamais.

Sur la route d'Antibes à Nice, on ne rencontre qu'une seule station qui vaille la peine de fixer l'attention du touriste. C'est celle de *Vence-Cagnes*, qui dessert également *Villeneuve-Loubet*.

De toutes les villes ou bourgades que j'ai visitées, s'il en est une qui, à première vue, donne l'impression de la tour de Babel, c'est bien *Cagnes*.

Figurez-vous une colline ayant la forme et la perpendiculaire d'un énorme pain de sucre, et sur toutes les arêtes de ce pain de sucre, des maisons superposées et accrochées les unes aux autres, si bien que, de loin, on se demande par quel miracle d'équilibre ces constructions ne s'effondrent pas au premier souffle d'une tempête. En approchant, et en commençant l'ascension, on constate que l'on a affaire à un labyrinthe, et, de lacet en lacet, on atteint l'église et, plus haut encore que l'église, le château, ou plutôt la tour fortifiée et scellée sur le roc des Grimaldi, car ce nom historique et glorieux de Grimaldi se retrouve partout en Provence, depuis la principauté de Monaco jusqu'à Saint-Tropez.

Ce nid d'aigle appartient aujourd'hui à M. Gerecke, qui permet que l'on gravisse le magnifique escalier de marbre sculpté qui conduit à l'intérieur, et que l'on admire les peintures à fresques de Carlone, représentant les aventures de Phaéthon.

Au pied de ce labyrinthe est situé *Cagnes-Marine* ou plutôt, puisque tel est son nom, *le Cros-de-Cagnes*, où sont les habitations, le port et les bateaux des pêcheurs.

Après avoir effectué, tant bien que mal, la dégringolade de Cagnes, il est d'usage d'aller visiter le château féodal de *Villeneuve*, avec ses courtines et son pont-levis, les propriétaires actuels ayant tenu à lui conserver tout son cachet historique.

Une inscription sur marbre blanc, scellée dans la cour d'honneur, nous apprend que ce manoir, construit au douzième siècle par les ducs de Provence, eut l'honneur de recevoir dans ses murs le roi François Ier et que, par héritage, il est devenu la propriété des comtes de Panisse-Passis.

Les Anglais qui viennent, en grand nombre, passer l'hiver dans cette contrée et qui, comme chacun sait, ont la passion de la pêche à la mouche, prennent souvent Villeneuve pour but de leur promenade, et viennent lancer leurs lignes en hicory d'Irlande dans les remous du Loup, joli cours d'eau qui serpente dans la vallée et où l'on peut capturer quelques truites ou quelques barbeaux.

CHAPITRE XVII.

NICE.

Deux opinions différentes ont été émises jusqu'à ce jour, par les savants, sur l'origine de Nice. La première, qui fait remonter l'époque de sa fondation au sixième siècle avant Jésus-Christ, en même temps que celle de Marseille, la considère comme une colonie des Massaliotes.

La seconde prétend que les Phocéens fugitifs, s'étant dirigés du sud au nord, se seraient arrêtés là directement, en même temps qu'ils s'établissaient dans l'île de *Cyrnos* (île de Corse), de l'extrémité de laquelle on distingue facilement, par un temps clair, les montagnes des Alpes Maritimes.

Comme on le voit, ces deux versions diffèrent peu entre elles, et qu'ils s'y soient établis directement ou indirectement, ce sont toujours les Grecs de Phocée qui ont été les premiers occupants de Nice.

Cependant, un rapprochement qu'il est facile de faire apporte un argument en faveur de la première version qui fait de Nice une colonie marseillaise : c'est que César victorieux la traita avec la même sévérité et la même rancune que Marseille.

Nous avons vu, en effet, que les Massaliotes ayant pris fait et cause pour Pompée contre César, celui-ci, après avoir conquis la Provence, s'empressa, pour punir Marseille de sa défection, de lui susciter une rivale et dépensa des sommes considérables pour transformer Fréjus en port de commerce et en arsenal maritime.

Or, le conquérant, après s'être emparé de Nice, tint exactement avec elle la même conduite qu'avec Marseille. Il se hâta de l'abandonner, et de favoriser, à son détriment, la bourgade de *Cemenelium* (aujourd'hui Cimiès) ancien village des Ligures, situé à 6 kilomètres au nord, en lui donnant le titre de cité et en la déclarant capitale des Alpes Maritimes. Il avait donc les mêmes griefs contre les habitants de Nice que contre ceux de Marseille.

Quant au nom de Nice qui dérive du grec

Νίκη, victoire, il rappellerait le souvenir de quelque combat glorieux des Phocéens contre les Ligures.

Comme toutes les villes situées sur une frontière, Nice a été souvent ravagée. Cependant, en 578, un roi lombard ayant pris d'assaut et détruit la ville de Cimiès, Nice recueillit les fugitifs, et par la ruine de la rivale que lui avait suscitée César reprit une grande partie de son ancienne importance.

Aussi, dès le huitième siècle, elle était assez peuplée et assez forte pour repousser victorieusement les Sarrasins qui, renonçant à la prendre d'assaut, se contentèrent de se retirer dans leur forteresse de Saint-Hospice d'où, entre temps, ils s'élançaient pour ravager les environs.

Cependant, un grand nombre d'entre eux ayant été réduits en esclavage, ils se fondirent peu à peu dans la masse de la population autochtone.

Après leur expulsion totale, grâce à Gibelin Grimaldi qui s'empara de leur forteresse de Saint-Hospice, Nice n'eut plus à redouter les infidèles, mais elle ne put pas jouir longtemps de la tranquillité qu'elle espérait. Elle eut alors à supporter le contre-coup des dissensions civiles ou des guerres étrangères qui ensanglantèrent le sol de l'Italie. Alliée de Pise, et par conséquent ennemie de la république génoise, Nice dut subir toutes les vicissitudes de la lutte qui sévissait presque constamment entre ces deux républiques.

En 1166, elle résista victorieusement au comte de Provence Raymond-Bérenger III, qui tomba percé d'une flèche à l'assaut de la ville.

Quelques années plus tard, elle fut prise par Alphonse d'Aragon, successeur de Raymond-Bérenger, tout en conservant intactes ses libertés municipales et son autonomie de ville républicaine. Après avoir essayé de secouer le joug d'Alphonse d'Aragon, elle retomba bientôt sous la domination de Bérenger IV qui, cette fois, lui imposa un gouverneur et fit construire, sur la place du Château, la plus redoutable forteresse de la Provence.

La fille de Raymond-Bérenger ayant épousé Charles d'Anjou, ce fut ce prince qui devint le suzerain de Nice.

Voilà les Niçois alliés aux Angevins; mais

ils n'en furent pas plus heureux, leur nouveau maître, qui rêvait la conquête des Deux-Siciles, les ayant accablés d'impôts et ayant exigé d'eux le douzième de la flotte qui lui était nécessaire pour entreprendre sa conquête. Au milieu de ces exigences, ils continuaient à être éprouvés encore par les guerres continuelles que les Grimaldi de Monaco, les Doria de Dolce-Acqua, et les Lascaris de Tende, leurs puissants voisins, se livraient continuellement entre eux.

Nice ne fut pas plus tranquille sous le règne éphémère de Jeanne de Naples, comtesse de Provence.

Cette reine, dont la vie fut si romanesque et si agitée, mourut dans sa prison en 1382, et, à sa mort, la guerre civile reprit avec une nouvelle ardeur. Les Niçois s'étant prononcés en faveur de Ladislas de Hongrie contre Charles d'Anjou, celui-ci vint mettre le siège devant Nice. C'est alors que les Niçois appelèrent à leur secours le comte de Savoie Amédée VII, dit le Roux, lui assurant, pour prix de son intervention, la réunion de leur comté à son royaume. Sous la protection de la croix blanche de Savoie, Nice put respirer enfin pendant cinq ans, pendant lesquels elle vit renaître sa prospérité commerciale. Ses chantiers de construction reprirent leur activité, et elle lança chaque année à la mer des embarcations de toutes sortes, et même des navires d'un assez fort tonnage.

Mais cette prospérité ne pouvait durer. D'abord, ce fut la peste qui, en 1467, s'abattit sur elle, et fit périr plus de sept mille de ses habitants; puis, si les pauvres Niçois ne songeaient pas à faire la guerre, les rois y songeaient pour eux.

En 1524, Charles-Quint et François Ier en viennent aux prises, et Barberousse, l'allié du roi de France, paraît à la tête de trois cents voiles pour bombarder la ville. A la guerre vinrent s'ajouter la famine et un débordement du Paillon qui détruisit une partie de la cité. Les Niçois, cependant, résistèrent énergiquement à l'assaut tenté par Barberousse, encouragés surtout par une femme, Catherine Ségurane, surnommée *la Maufaccia*, la mauvaise face, qui, d'un coup de hache, renversa le porte-enseigne des Turcs et planta le drapeau conquis sur la brèche. Le siège terminé, on lui éleva une statue, et aujourd'hui encore une des principales rues de Nice porte son nom.

En 1580, retour de la peste, qui décima le quart de la populatio

Puis, ce fut le duc de Guise qui, à la tête de trente mille Provençaux, vint assiéger deux fois la ville. Bien que ces deux assauts eussent été repoussés, le manque de munitions obligea le gouverneur d'alors, Annibal Grimaldi, à capituler. Le duc de Guise fixa la rançon de la ville à 8000 écus, et Nice put enfin respirer durant un demi-siècle.

En 1691, Catinat vint mettre le siège devant Nice, s'empara des forts de Villefranche, de Montalban, de Saint-Hospice, et fit sauter la poudrière et la forteresse de la ville. Le traité de Turin ayant rendu Nice à la Savoie, on se mit à l'œuvre pour relever les murs de la forteresse ; mais les travaux n'étaient pas terminés que le duc de la Feuillade venait assiéger la ville. Après six mois de résistance, la garnison, commandée par le marquis de Caraglio, fut réduite à merci et obligée de se rendre. La citadelle fut alors rasée, et les remparts de la ville complètement détruits.

Après des péripéties diverses, le traité d'Aix-la-Chapelle, en assurant la paix, permit à Nice de reprendre le cours de sa prospérité. Une ville nouvelle, qui s'était bâtie peu à peu sur les bords du Paillon, s'étendit chaque jour davantage, et Nice ne cessa de grandir jusqu'à la fin du dix-huitième siècle. Elle continua à vivre sous la domination de la Savoie, et ne fut réunie momentanément à la France que sous la première République et sous le premier Empire, c'est-à-dire de 1792 à 1814.

A partir de la rentrée des Bourbons en France, elle redevint italienne sous le règne des rois de Piémont, et elle y resta jusqu'à la dernière et récente guerre de 1859 entre l'Italie et l'Autriche.

A la suite de cette guerre, et pour prix de son intervention armée, Napoléon III ayant réclamé de Victor-Emmanuel la cession de Nice à la France, les populations intéressées furent appelées à choisir leur nationalité. Le nombre des votants inscrits dans l'arrondissement de Nice était de 30 706, sur lesquels 25 933 furent pour l'annexion à la France. C'est ainsi que, depuis 1860, l'ancien comté de

Nice, auquel on a réuni l'arrondissement de Grasse, détaché du Var, est aujourd'hui le chef-lieu du département des Alpes-Maritimes.

Depuis 1864, ce chef-lieu est aussi devenu le siège d'un évêché suffragant de l'archevêché d'Aix.

Nice a donné le jour à plusieurs hommes devenus célèbres : aux peintres Carle Vanloo et Ludovic Bréa, au savant naturaliste Antoine Risso, à l'économiste Blanqui, au maréchal de Masséna et à Garibaldi.

Nice est située à l'extrémité orientale d'une baie qui porte le nom de *baie des Anges*. La cité est divisée en trois parties bien distinctes : la ville basse ou maritime, qui entoure les deux bassins du port connu sous le nom de *port de Limpia*, limpide, en raison des eaux de sources qu'il reçoit ; la vieille ville, séparée du port par le vieux château et renfermée presque en entier dans une sorte de presqu'île ; et enfin, la nouvelle ville, séparée par le cours du Paillon des deux quartiers précédents. Je dis le cours du Paillon pour me conformer à l'usage ; mais, à dire vrai — et ceci n'est qu'une note personnelle — je n'ai jamais vu courir le Paillon. J'ai vu courir l'Argens, la Siagne, le Loup, le Var, jamais le Paillon, pas plus au mois de janvier qu'au mois de septembre.

Appuyé sur le parapet de très beaux quais, semblables à ceux qui bordent la Seine dans sa traversée de Paris, j'ai vu, au milieu d'une large route émaillée de galets, un petit ruisseau dans lequel plusieurs femmes lavaient leur linge, qu'elles faisaient sécher sur des cordes tendues dans la longueur de la route, c'est-à-dire dans le lit de la rivière. Et c'est tout. Il paraît que pour voir de l'eau dans le Paillon, il faut se trouver à Nice à une époque d'inondations. Sous le déluge des torrents qui descendent des Alpes, le Paillon devient alors une véritable cataracte.

La vieille ville, qui occupe la partie centrale et méridionale, se compose de ruelles sombres, la plupart trop étroites pour donner passage à une voiture. En outre, un grand nombre de ces rues sont si escarpées qu'elles commencent ou se terminent par des escaliers qu'il faut continuellement monter ou descendre. Mais c'est là qu'il faut aller si l'on veut retrouver les traces, qui deviennent chaque jour plus rares, du type national et des mœurs locales. Là, on parle le patois ou l'italien.

Les derniers embellissements qui ont été faits récemment dans ce quartier en ont déjà modifié la physionomie. Deux grandes rues y ont été ouvertes : la rue Ségurane et la rue Victor, apportant l'air et la lumière au milieu de ces masures. De plus, l'extrémité méridionale qui confinait à la campagne du littoral, ayant été récemment bâtie, a bénéficié des progrès modernes. C'est là que se trouve la place des Phocéens, entourée de fort beaux palmiers, et au centre de laquelle s'élève une fontaine antique, œuvre de sculpture grecque, donnée, dit-on, par un empereur de Constantinople à un Lascaris de Ventimiglia. La rue de Saint-François-de-Paule est aussi fort belle, et son parcours ne comprend pas moins de 300 mètres.

Une des curiosités de ce quartier consiste en deux terrasses bituminées de 250 mètres de longueur, appuyées sur les maisons basses qui bordent les deux côtés du cours, le long de la grève. Du haut de ces terrasses, qui servent de promenades publiques, la vue est très intéres-

NICE, VUE PRISE DES HAUTEURS DE VILLEFRANCHE.
DESSIN DE F. DE MONTHOLON.

sante, et pendant les chaleurs de l'été, on vient y chercher, avec la brise de mer, une fraîcheur salutaire.

Le quartier maritime, dont beaucoup d'étrangers, qui séjournent peu de temps à Nice, ne soupçonnent même pas l'existence, est certainement le plus pittoresque. Adossé à l'ouest contre les rochers sur lesquels s'élève le vieux château, il n'est relié à la ville proprement dite que par la rue Ségurane et par le chemin des Ronchettes, chemin original, taillé dans le roc, et d'où la vue est fort belle.

Le cap qui coupe ce chemin a reçu le sobriquet caractéristique et populaire de *Raouba-Capéou* (emporte chapeau), en raison de la violence du vent qui souffle par saccades sur ce cap, et menace continuellement les coiffures des promeneurs. De l'autre côté du port, c'est le quartier du Lazaret, ainsi nommé à cause de l'établissement sanitaire qui, pendant longtemps, a occupé cet emplacement.

La ville neuve est située sur la rive droite du Paillon. A partir de son embouchure, et longeant le littoral sur une longueur de 2 kilomètres, commence la belle promenade des

Anglais. Ce nom lui vient d'une bonne action de la colonie anglaise de Nice qui, dans l'intention de procurer du travail aux indigents, la fit ouvrir pendant les hivers de 1822 à 1824. Ce boulevard a 26 mètres de largeur; il est bordé, du côté de la mer, par de beaux palmiers, et, du côté de la ville, par des hôtels publics ou privés, d'une architecture élégante, et ornés de peintures extérieures à fresques, suivant la mode italienne. Mais la promenade des Anglais et le *Jardin public*, qui est à sa droite et qui, sauf la différence des essences d'arbres, ressemble à un de nos squares, font encore partie de la circonscription élégante de Nice.

La gare, située à l'extrémité nord de la ville, débouche sur un fort beau boulevard, bordé d'hôtels et de belles maisons, que l'on nomme *l'avenue de la Gare* et qui se termine à la place Masséna sur laquelle, naturellement, s'élève la statue en bronze du héros. Il est représenté debout, la tête nue et le pied sur un canon. Les bas-reliefs du piédestal retracent les batailles de Gênes et de Zurich. Cette statue est l'œuvre de Carrier-Belleuse. Sur cette place, rendez-vous du *high-life*, les boutiques, à l'instar de Paris, sont protégées des ardeurs du soleil par des arcades semblables à celles de la rue de Rivoli, quoique moins élevées. Le *Casino municipal* est à deux pas, et il donne asile aux membres du cercle Masséna, un des plus fréquentés par la colonie étrangère. Ce casino est bâti sur des voûtes qui recouvrent le Paillon près de son embouchure; il renferme un merveilleux jardin d'hiver, vaste serre où s'épanouissent, autour d'un lac artificiel, toutes les plantes des tropiques.

Nous avons parlé de la belle et longue rue Saint-François-de-Paule qui réunit la vieille ville à la nouvelle. Cette rue s'élargit encore à son extrémité et se termine par la promenade du Cours où, tous les matins, se tient un marché très animé, et où, en temps de carnaval, se livrent à coups de *confetti* les batailles les plus acharnées.

Quatre ponts, jetés sur le Paillon, mettent en communication les deux parties de la ville.

Citons encore, comme dignes d'une visite: le boulevard du Pont-Vieux, la place Garibaldi située à l'extrémité nord de la vieille ville, et le boulevard du même nom où se trouvent l'église *Saint-Jean-Baptiste* et le *grand lycée*.

Les monuments de Nice sont peu nombreux et peu remarquables. Sur la droite de l'avenue de la Gare s'élève l'église *Notre-Dame de Nice*, et c'est à peu près la seule à citer en raison de sa construction néo-gothique. Elle a été bâtie sur les plans et les dessins de M. Charles Lenormand.

Viennent ensuite l'église de *la Miséricorde* et l'*hôtel de la préfecture*, l'église *Saint-Jacques*, l'église de *la Croix,* la cathédrale de *Sainte-Réparade* bâtie en 1650 ; mais nous aurons le courage de notre opinion, toutes ces constructions qui sont ou modernes ou de mauvais goût, ne nous paraissent pas dignes d'arrêter l'attention.

La première visite qui s'impose — et que l'on impose — au touriste fraîchement débarqué est celle du *Château*. Démoli par les Génois en 1215, il fut réédifié et fortifié (ainsi que nous l'avons dit) par Raymond-Béranger V, comte de Provence. Détruit en partie par l'explosion d'une poudrière, à l'époque où Catinat en fit le siège, il fut définitivement démantelé en 1706. Aujourd'hui, c'est un véritable parc dont on fait l'ascension, à pied ou en voiture, par des allées en labyrinthe. Quand on arrive à la plate-forme qui couronne la colline, on découvre un panorama d'une immense étendue. De ce belvédère entouré de parapets, on aperçoit, dit-on, par un temps clair, les montagnes de la Corse.

J'ai mis l'œil à l'un des télescopes braqués sur la terrasse, et je l'avoue — peut-être à ma honte — je n'ai rien vu du tout. Il est vrai que le temps est rarement clair, et que les montagnes de la Corse sont distantes de 15 lieues. Mais il est possible, en effet, que par un vent de mistral, et le télescope aidant, on puisse les apercevoir. Et puis, tout dépend de la manière de voir : les uns voient quelque chose où les autres ne voient rien.

Les eaux de la Vésubie, amenées sur le point le plus élevé, tombent, en une large cascade, dans un bassin artificiel, puis, serpentant le long de ce labyrinthe, y répandent la fraîcheur et y entretiennent la végétation luxuriante que l'on est étonné de rencontrer sur tout le parcours de l'ascension.

C'est au pied du Château, sur la gauche, que se trouve l'enclos du cimetière où l'on va visiter le tombeau de Gambetta et le monument élevé, à cet endroit, aux victimes de l'incendie de 1881.

D'après ce qui précède, on peut conclure que c'est le soleil qui est le plus bel ornement de Nice. Sa situation, son soleil et son climat expliquent suffisamment sa réputation. Sa température est d'une constance presque unique en France, et rare même en Italie. Elle est en moyenne de 15°,5 pour l'ensemble de l'année, de 9°,6 en hiver, de 17°,5 pour le printemps et l'automne, et de 23 degrés pour l'été. La pluie même n'y est pas fréquente, mais quand elle se met à tomber, c'est avec une violence qui rappelle nos averses d'orage, et elle dure pendant vingt-quatre heures avec la même intensité. Et puis, comme il faut toujours une ombre au plus beau tableau, n'en déplaise aux naturels du pays, le mistral y sévit fréquemment, et malheureusement il n'est pas le seul vent désagréable par lequel on soit éprouvé.

Voici dans quelle circonstance j'ai été à même de le constater. Je quittais Saint-Raphaël pour me rendre à Gênes. Le soleil brillait dans un ciel d'azur, mais le mistral faisait rage. Le parent qui m'avait accompagné à la gare, me dit, au moment où je prenais place dans mon compartiment :

— Vous allez avoir le mistral jusqu'à Cannes, mais, là, il sera déjà beaucoup plus faible ; quand vous arriverez à Nice, il deviendra presque insensible ; et à la frontière italienne, à Ventimiglia, il aura complètement disparu.

Nous arrivons à Cannes, et pour vérifier la prédiction, je mets pied à terre, garanti par dix minutes d'arrêt, et je m'aventure au dehors... Brrou... quel *mistraò!* un vrai mistral de *raouba-capéou !* Non seulement il n'avait pas perdu de sa force, mais il soufflait peut-être avec plus de violence encore que celui qui, à Saint-Raphaël, m'avait, en quelque sorte, porté jusqu'à la gare.

A Nice, je renouvelle l'expérience, et je suis forcé de constater le même mistral. Enfin, à la frontière, comme je me proposais de passer la nuit à Ventimiglia, je suis assailli, en me rendant de la gare à l'hôtel le plus proche, par un coup de mistral qui, déployant toute la force de ses poumons, veut absolument m'empêcher d'avancer. Si bien que mon premier mot, en entrant au gîte, est pour dire au garçon qui se présentait :

— Mais vous avez donc aussi le mistral, ici?

— Non, monsieur, me répondit-il, c'est le *libeccio*.

Or, il mentait, me prenant sans doute pour un novice. C'était bel et bien le mistral qu'il est impossible de confondre avec le libeccio (vent de Libye). Le mistral, qui se forme dans la vallée du Rhône, souffle du nord-ouest, et, par conséquent, est froid.

Il n'est pas jeune, car les Grecs le connaissaient sous le nom de *skiron*, et les Romains l'appelaient *circius*. On assure même, à ce sujet, qu'Auguste, pour l'amener à composition, lui éleva un temple. Il paraît que le moyen n'a pas réussi.

Le libeccio, tout au contraire, est un vent qui souffle du sud-ouest. Il est très violent aussi, mais humide et chaud à la fois, et très désagréable aux personnes nerveuses. Il n'a pas, comme le mistral, la vertu de purifier l'air ; car, aujourd'hui, c'est un fait acquis, si le mistral est pénible à supporter, il a, au moins, la qualité d'être des plus sains.

Le docteur Mireur, de Fréjus, qui, par ses excellentes études et son rare esprit d'observation, est l'un des praticiens les plus distingués de la Provence, venait, presque tous les jours par le même train — celui de dix heures — de Fréjus à Saint-Raphaël pour visiter ses malades. Un jour, le rencontrant dans l'après-midi :

— Comment, docteur, lui dis-je, vous n'êtes pas venu ce matin ? Vous abandonnez donc vos malades ?

— Oh ! me répondit-il en souriant, ils vont mieux.

— Qu'en savez-vous, puisque vous ne les avez pas encore vus ?

— Le mistral a soufflé toute la nuit, et je sais d'avance qu'ils vont mieux.

Nous livrons ce dialogue phonographié aux réflexions des intéressés. Quoi qu'il en soit, nous ne pouvons plus partager l'opinion de nos pères qui disaient :

> Mistral, Parlement et Durance
> Sont les trois fléaux de Provence.

Le Parlement a disparu, la Durance, captée et endiguée, a transformé Marseille, et il a été reconnu que toute la vallée des Alpes devait sa salubrité au mistral.

Nice a son carnaval, dont elle a emprunté les agapes à la tradition italienne. Tout le monde a entendu parler de l'arrivée du bonhomme Carnaval dans sa bonne ville de Nice, accompagné de Breloque, son premier ministre, président du conseil. Sa Majesté très folâtre et très joviale fait généralement son entrée à cheval sur un tonneau, comme un vrai disciple de Bacchus, et le verre à la main. Les lanciers du champagne le devancent, les chevaliers de la fourchette le suivent, ce pendant qu'aux sons de la trompette et des cornets à bouquin, les hérauts d'armes publient le mariage de leur auguste seigneur et maître avec demoiselle la Folie.

Aussitôt prévenus de son arrivée, les joyeux compères accourent de tous les coins de l'Europe. Sa Majesté Carnaval peut évaluer, bon an, mal an, à 100000 le nombre de sujets qui viennent répondre à son appel. Mais qui dénombrera, dans son joyeux désordre, ce défilé sans fin où pierrots, pierrettes, arlequins, polichinelles, colombines, matelots, clowns et débardeurs, sont poursuivis par tout le contenu d'une arche de Noé, vivante variété d'animaux en carton peint.

Et les chars, et les cavalcades, et les ânalcades! « Demandez des bonbons? Qui veut des bonbons? » crient à l'envi les marchands de *confetti* et d'écopes destinées à lancer la mitraille de plâtre coloriée.

Déjà toute la ville est parée; des drapeaux flottent à toutes les fenêtres, des guirlandes de feuillage s'enroulent à tous les balcons; des mâts, réunis les uns aux autres par des lanternes chinoises ou des verres de couleur, font flotter à leur sommet de longues oriflammes. Des tribunes, sur le Cours, ont été dressées et décorées : « places à louer » et elles sont aussitôt prises, à l'enchère, à défaut de places retenues à quelque fenêtre.

C'est par la bataille de fleurs, *corso dei fiori*, que la fête commence. Elle a généralement lieu le jeudi qui précède le dimanche gras, et souvent on la recommence le lundi suivant. Les batailles de *confetti* ont lieu le dimanche et le mardi. On sait que les confetti sont des dragées de plâtre, à peu près de la grosseur et de la forme des anis de Dijon, et qui, au premier choc, s'écrasent et se réduisent en poussière. Pour se protéger contre cette mitraille, les combattants se couvrent le visage d'un masque grillagé (qui ressemble beaucoup aux masques des salles d'armes) et portent un camail, avec capuchon, pour protéger leur tête et leurs épaules.

Faites votre provision de confetti, et en route pour le Cours, car c'est là que les combats à coups de confetti ou *coriandoli* se livrent avec le plus d'acharnement.

Les défenseurs choisissent pour citadelle la terrasse basse de la maison Visconti, et les assaillants, à cheval, en voiture, à âne ou à pied, viennent en faire le siège.

Mais, chemin faisant, dans les rues, sur les ponts, sur les quais, un groupe de masques rencontre-t-il un autre groupe, aussitôt les projectiles se croisent dans l'air, tandis que les gamins se précipitent au milieu de la mêlée, ramassant les confetti intacts pour les revendre. Enfin, les divers corps d'armée se sont réunis devant la forteresse, et l'attaque commence. On fait une telle consommation de projectiles que, quand l'heure de la retraite a sonné, le sol du Cours s'en trouve exhaussé.

La nuit venue, c'est le tour des *moccoli*, petites bougies allumées que l'on porte à la main ou sur la tête. Le jeu consiste à souffler la bougie du voisin, et à ne pas laisser éteindre la sienne.

Mais, comme toute bonne fête doit avoir sa fin, l'heure arrive où, comme Sardanapale, Sa Majesté Carnaval doit périr au milieu des flammes. Le cortège qui porte le mannequin s'avance au son des fifres et des tambours, entre deux haies de moccoli; le feu d'artifice éclate, les chandelles romaines sifflent et retombent en perles lumineuses; les feux de Bengale multicolores illuminent la mer, et la lueur du mannequin qui flambe accompagne les gerbes du bouquet final.

Les collines et les vallées qui forment la ceinture de Nice sont égayées de belles villas, sur plusieurs lieues à la ronde, sans compter celles qui, plus anciennes, ont été englobées dans la ville, par suite de ses agrandissements successifs. De la plate-forme du Château, dans tout le périmètre que le regard peut embrasser, on n'aperçoit que des maisons de plaisance. En général, elles sont d'un goût moins épuré que celles de Cannes, mais les jardins dont elles sont précédées ou entourées s'épanouissent dans une végétation plus puissante et plus ombreuse, leur création étant de plus ancienne date. Nous n'avons pas l'intention d'en faire ici une énumération qui serait aussi longue que fastidieuse, car vingt pages que nous y consacrerions ne suffiraient pas. Nous nous bornerons à nommer celles de ces villas qui, par les noms de leurs propriétaires, ou les hôtes de marque qu'elles ont reçus, nous paraîtront offrir au lecteur un certain intérêt.

Sur la promenade des Anglais qui est : « le boulevard des Italiens... de la Méditerranée », citons les villas *Avigdor, Lyons,* qui était la résidence de l'ex-roi de Bavière ; *Diesbach, Stirbey, Starzinski* et *Carlone.* Cette dernière fut habitée, au commencement du siècle, par la princesse Pauline Borghèse, seconde sœur de Napoléon Ier. Cette charmante princesse avait su se faire pardonner sa beauté par son inépuisable bienfaisance. Elle était très aimée à Nice, qu'elle quitta en 1814, pour aller rejoindre son frère à l'île d'Elbe.

Au boulevard Carabacel s'élèvent les villas *Bouteau* qui ont été réunies pour former l'habitation du roi de Wurtemberg, dont l'existence est très simple et très retirée.

Les villas situées sur le mont Boron et sur le versant du mont Alban sont : la villa *Smith*, dont l'architecture est si mélangée et si étrange, propriété du comte Wezele ; la villa *Kotschoubey* et le palais vénitien qui porte le nom de villa *Vigier*, dont les jardins renferment des touffes de phœnix importés de la côte d'Afrique, des cocotiers d'Australie, des araucarias splendides, des fougères arborescentes et plusieurs variétés de camélias. C'est le séjour enchanté d'une des ex-reines du chant, la baronne Vigier, née Sophie Cruvelli, qui est toujours prête à faire entendre son grand style et sa belle voix quand il s'agit des pauvres.

La villa *Dora*, à Victorien Sardou, l'auteur dramatique académicien que nous n'avons pas à présenter à nos lecteurs ; la villa du comte de Chambrun à laquelle on accède par un monumental escalier qui n'a pas moins de soixante marches ; le château *Valrose*, création du baron von Derwies qui, dilettante raffiné, entretenait un orchestre de soixante-cinq instrumentistes qu'il dirigeait à son gré ; la villa *Bermond,* qui renferme dans son parc une chapelle byzantine d'une richesse impériale, élevée à la mémoire du grand-duc héritier de Russie, Nicolas Alexandrowitch. Ce jeune prince, mettant son espoir dans le soleil de la Provence, se rendit à Nice pour y soigner une grave affection de poitrine et y succomba après quelques mois à peine de séjour. Puis la villa *Rosy*, remarquable par ses belles serres, ses jets d'eau, ses cascades et ses grottes artificielles ; la villa *Maurel,* ancienne propriété d'Alphonse Karr, avant qu'il vînt se faire ermite dans Maison close à Saint-Raphaël.

C'était à l'époque où Lamartine lui écrivant rédigeait ainsi la suscription de sa lettre :

A Monsieur Alphonse Karr,
jardinier,
à Nice.

A la même époque, il lui adressait encore les vers suivants :

Nice t'a donc prêté le bord de ses corniches
Pour te faire, au soleil, le nid d'algue où tu niches?
On dit que d'écrivain tu t'es fait jardinier;
Que ton âne, au marché, porte un double panier;
Qu'en un carré de fleurs ta vie a jeté l'ancre,
Et que tu vis de thym au lieu de vivre d'encre?
On dit que d'Albion la vierge au front vermeil,
Qui vient comme à Baïa fleurir à ton soleil,
Achetant tes primeurs, de la rosée écloses,
Trouve plus de velours et d'haleine à tes roses?
Je le crois; dans le miel plante et goût ne font qu'un:
L'esprit du jardinier parfume le parfum.

Terminons notre énumération sur ces jolis vers, et arrivons à l'industrie et au commerce, qui, pour la prospérité d'une ville, ont bien aussi leur intérêt.

L'industrie proprement dite n'y est pas très importante. Les principales fabriques sont les parfumeries dont les essences premières viennent de Grasse, les distilleries et les huileries. Les meubles et la marqueterie sont également des branches de l'industrie niçoise. Tous les étrangers qui ont séjourné quelque temps à Nice, ou qui y ont passé, en ont rapporté, soit pour leur usage personnel, soit pour l'offrir comme souvenir à des parents ou à des amis, quelque objet de tabletterie en bois d'olivier: buvard, boîte à bijoux, boîte à gants, porte-cartes, porte-plume, etc. Comme certificat d'origine, tous ces objets portent le nom de *Nice*, et comme signature, une hirondelle qui est, sans doute, une allusion aux habitudes de la colonie étrangère qui arrive avec les premiers froids et s'envole avec le printemps. Les fruits confits y ont conquis aussi une sorte de réputation, et on en exporte une assez grande quantité pour que ce commerce ait nécessité l'adjonction d'une usine à vapeur.

La ville possède encore, à ses portes, au nord de l'ancienne route de Villefranche, une importante manufacture de tabacs, dans laquelle sont employées principalement des femmes, et qui a conquis une certaine réputation pour la qualité de ses cigares.

La pêche entretient une centaine de bateaux, et suffit à peine à la consommation de la cité et de la campagne environnante.

Les carrières des montagnes voisines donnent également lieu à quelques exploitations, et terminent, en quelque sorte, la petite nomenclature des industries du pays.

« L'olivier est une des principales richesses de Nice et de ses environs », et, après l'olivier vient l'oranger qui, pour le commerce, est encore une source de produits très importants. Le naturaliste Antoine Risso, né à Nice et mort dans la même ville en 1845, a relevé cent quatre-vingts variétés ou sous-variétés de *Citrus*, cultivées dans les Alpes-Maritimes pour leurs fruits ou seulement par curiosité.

Le *Citrus*, nom scientifique latin du grand genre citronnier, est un arbre ou un arbrisseau que l'on recherche dans tous les jardins en raison de ses fleurs blanches ou purpurines, qui répandent un parfum délicieux. Les fruits, quand ils sont mûrs, ont une acidité plus ou moins prononcée, mais fort agréable. A Nice, ils sont continuellement en végétation et présentent toute l'année des fleurs ou des fruits. Par leur arome agréable ils charment l'odorat, en même temps qu'ils réjouissent la vue par la beauté de leur feuillage et de leurs fleurs.

Toujours selon Risso, il y a huit espèces principales de *Citrus* : les orangers proprement dits ou à fruits doux; les bigaradiers, dont les fleurs sont les plus odorantes; les bergamotiers, dont les fruits sont d'un jaune pâle, légèrement acides mais agréables; les limettiers, fleurs blanches, ayant une odeur douce et *sui generis*, fruits légèrement amers; les pamplemousses, fleurs les plus grandes du genre, fruits très gros, saveur douce et peu sapide ; les lumies, fleurs rouges, fruits sucrés mais pas acides; les limoniers (improprement appelés *citronniers*), fleurs moyennes, roses en dehors, fruit jaune clair, d'une acidité fort agréable ; les cédratiers, fruits plus gros, pulpe moins acide.

Si nous avons tenu à donner cette nomenclature, c'est pour qu'on se fasse une idée exacte de ce que sont les jardins de Nice qui renferment généralement toutes les variétés que nous venons d'énumérer. La vigne est aussi cultivée avec soin sur tout le territoire. Les vins rouges et blancs y sont généreux, surtout ceux qui proviennent des versants des collines ; mais ils sont presque toujours consommés sur place, car la quantité produite n'est pas assez importante pour donner lieu à exportation.

Le port de Nice est tout à fait artificiel, et comme importance il occupe le troisième rang sur la liste des ports de la Méditerranée. Il vient après Marseille et Cette, et fait surtout des échanges avec les ports voisins de l'Italie et de la rivière de Gênes. Son mouvement commercial est, annuellement, de 80 000 à 100 000 tonnes. Le port est signalé, la nuit, par quatre feux : un phare de cinquième ordre à éclats rouges (portée à 13 milles) ; deux feux fixes et rouges à l'extrémité du môle vieux et du môle neuf ; un feu fixe vert à l'entrée du môle, du côté de la route des Ronchettes qui, ainsi que nous l'avons dit, est taillée dans le roc.

Avant que nous quittions Nice, le lecteur nous saura peut-être gré de lui donner notre impression sur cette ville unique au monde. Cité cosmopolite, rendez-vous de toutes les aristocraties et des grandes fortunes de l'univers, si elle ne voit pas courir de flots dans sa rivière, en revanche le Pactole ruisselle sur ses boulevards et dans ses rues. De ce contact journalier de millions jaillit des millions de vanités ou de caprices qui ne peuvent se réaliser qu'à prix d'or. Qu'à cela ne tienne, on n'y regarde pas pour si peu quand il s'agit d'attirer l'attention, ou de distancer le luxe du voisin.

Nous avons parlé du baron von Derwies qui, pour sa satisfaction personnelle, entretenait un orchestre de soixante-cinq musiciens d'élite. C'est que ses *modestes revenus* lui permettaient, paraît-il, de dépenser 62000 francs par jour! Un riche étranger qui arriverait à Nice avec ses équipages, et qui croirait se faire remarquer en conduisant une voiture à quatre chevaux sur la promenade des Anglais, se tromperait étrangement. C'est à peine si l'on demanderait son nom. A l'époque où je me trouvais à Nice, la mode était aux *sportsmen*. On daignait parler d'un nabab qui, arrivé sur un yacht à vapeur, monté par quarante hommes d'équipage, tous vêtus de fustanelle blanche, avait débarqué, la veille, au port de Lympia.

Il ne faut pas conclure de ce qui précède que tout le monde ne peut pas vivre à Nice ; la ville est assez grande (80 000 habitants) et elle offre assez de ressources pour que, de même qu'à Paris, on ne puisse y conformer son existence à sa condition. Seulement, à moins de 100 000 livres de rentes au bas mot, il est inutile de se faire inscrire au cercle Masséna ou à celui de la Méditerranée.

CHAPITRE XVIII.

ENVIRONS DE NICE.

De toutes les promenades de Nice, on aperçoit, en levant les yeux dans la direction du sud-est, « deux grosses têtes de Turcs coiffées de turbans blancs ». Naturellement, on s'informe. C'est l'observatoire de M. Bischoffsheim, vous dit-on, et vous cherchez alors, dans votre mémoire, à quel degré de la pléiade astronomique des Herschell, Arago, Leverrier et Flammarion, le nom que l'on vient de vous livrer peut correspondre. Le malheur est que M. Bischoffsheim n'est pas un astronome (amateur peut-être), mais tout simplement un admirateur de la voûte céleste, car il a déjà libéralement dépensé 4 millions pour doter Nice de cette belle station sur le chemin des étoiles.

Pour se rendre à cet observatoire, situé sur le mont Gros, il suffit d'une bonne demi-heure, avec la certitude qu'au retour on ne regrettera ni ses pas, ni sa peine. La coupole, presque aussi grande que le dôme des Invalides, pèse 95 000 kilogrammes. *E pur si muove!* et pourtant elle tourne, pour mettre le colossal télescope dans la direction de l'astre que l'on veut observer. Ce phénomène s'accomplit par l'ingénieux emploi d'un flottage sur l'eau, appliqué pour la première fois par un savant dont la réputation est universelle aujourd'hui ; mais

Quelque crime toujours précède un plus grand crime!

Et l'ingénieur Eiffel n'était pas encore célèbre quand, au moyen d'un contrepoids de 3 kilogrammes, il a mis cette masse énorme en mouvement, dans son bain de chlorure de magnésium. Cinq astronomes font là, journellement et nuitamment, des observations sous la direction savante de M. Perrotin, qui habite une villa voisine.

Construit par le célèbre architecte Charles Garnier, voilà un heureux observatoire ; il est assuré de voir passer à la postérité les noms de ses deux parrains : Eiffel et Charles Garnier.

Nous avons vu précédemment que Saint-Raphaël avait son mont Vinaigre ; Nice, elle aussi, a son Vinaigrier, et l'étymologie de ces deux montagnes est la même, car, toutes deux, si l'on en croit la chronique locale, tiennent leur nom du mauvais vin produit par les ceps qu'on y a plantés. Le Vinaigrier a trois sommets : le Vinaigrier, le Conteu, le Castelet, sur lesquels les touristes ont coutume de se rendre pour admirer l'immense panorama qui, de ces hauteurs, se déroule aux yeux.

La crête du mont Alban, un de ses voisins, est également un but d'excursion ; mais l'accès en est moins facile, le génie militaire ayant construit un fort sur la plate-forme, et les abords en étant interdits au public.

Le monastère de *Saint-Pons* est plus accessible, bien qu'il soit occupé par un ordre italien, les Oblats de Marie, auxquels, par convention diplomatique, le traité franco-sarde a laissé la libre jouissance de leur demeure. Cette abbaye a été fondée en 775, et l'on y remarque un sarcophage antique dont l'origine remonterait aux premiers siècles de l'ère chrétienne. Une petite chapelle, construite sur un rocher, indique l'endroit où, d'après la légende, saint Pons, évêque de Cimiès, aurait été décapité, sur l'ordre du proconsul Claudius, pour avoir refusé de sacrifier à Apollon.

Cimiès, dont le nom *Cemenelium* indique suffisamment l'origine ligure, offre aux regards des connaisseurs les vestiges assez apparents d'une fortification qui remonterait à l'époque celtique. Quant aux ruines romaines, on les rencontre à chaque pas, ainsi qu'à Fréjus, et les textes épigraphiques qui y ont été découverts révèlent dans cette cité, jadis ville impériale, la présence d'édiles, de décemvirs et d'une assez nombreuse garnison. Deux monuments surtout font revivre son antiquité : l'*Amphithéâtre* et les *Thermes.* Des fouilles récemment faites ont permis d'en retrouver les différentes parties. « Le *frigidarium,* le *caldarium* et le *sudatorium* présentent des dallages et des revêtements en matériaux polychromes, sur lesquels on voit encore des traces d'inscriptions, des fragments de sculpture et de bas-reliefs. Sur le sol, on aperçoit des débris de stylobates de marbre vert et de cymaise, en marbre rouge, dont les moulures sont finement ciselées. Tout autour, et à d'assez grandes distances, des bases et des tronçons de colonnes, dont les dimensions laissent supposer qu'elles ont appartenu à un ordre de près de 8 mètres de haut, indiquent l'emplacement de ces salles, adjacentes aux thermes, et qui servaient au repos, aux plaisirs et aux exercices des baigneurs et des oisifs. L'hypocauste, enfin, où se trouvaient les foyers, et d'où partaient les canaux destinés à chauffer l'eau et à produire la vapeur, est entièrement découvert et rappelle, dans tous ses détails, les dispositions usuelles adoptées dans les thermes des principales villes d'Italie (1). »

L'Amphithéâtre est beaucoup mieux conservé que les Thermes, mais il ne présente aucune décoration extérieure. C'est une grande enceinte elliptique, entourée de gradins sur lesquels prenaient place les édiles, les légionnaires et le peuple, c'est-à-dire trois ou quatre mille spectateurs, assis et protégés par un immense *velarium*. Là, ils venaient voir combattre les esclaves et mourir les captifs chrétiens.

Aujourd'hui, après un coup d'œil accordé aux ruines, on va visiter l'église et le couvent

---

(1) F. Brun, *Description des bains de Cemenelium*, Nice, 1877.

de Cimiès, ce couvent si curieux par ses cinq clochetons. Dans le corridor qui conduit du péristyle de l'église au cloître du monastère, on remarque une série de gravures sur bois représentant toutes les tortures que les empereurs romains firent subir aux moines de l'ordre. Dans l'église, deux toiles remarquables sont signées de Ludovico Bréa, le peintre génois du seizième siècle. Les fresques de la voûte sont modernes et ont été peintes par le Vénitien Giacomelli. Ce sont les frères de l'ordre des récollets qui habitent ce couvent et en font les honneurs.

Cimiès est peuplé de belles villas, aux magnifiques jardins, dans lesquels, chaque année, on trouve de curieux débris antiques : statuettes, lampes, mosaïques, et surtout des médailles.

La remarquable cantatrice qui fut Marie Heilbronn repose dans le cimetière de Cimiès.

On ne peut séjourner quelque temps à Nice sans aller faire une visite à la grotte de Saint-André, dans laquelle on se promène en bateau. On se rend à cette grotte, située à 6 kilomètres de Nice, par la route de Levens. Hâtons-nous d'ajouter que cette promenade en bateau, au milieu de rochers dont les parois sont tapissées de capillaires et de stalactites, ne présente, en somme, rien de bien intéressant pour les esprits sérieux. L'eau de cette petite cascade a des vertus incrustantes; aussi femmes et enfants ne manquent-ils pas, en revenant des grottes de Saint-André, de rapporter au logis un assortiment de pétrifications que l'hôtesse du restaurant de *La Vallière* a coutume de céder au plus juste prix.

Falicon, petit hameau dont l'église est badigeonnée en rose ; *Châteauneuf,* où l'on peut voir encore les ruines d'un manoir féodal ; la gorge du Vallon obscur, longues et étroites fissures dans lesquelles on avance entre deux sortes de falaises perpendiculaires de 30 mètres de haut, sont autant de buts d'excursions offertes aux amateurs.

L'usage veut aussi que l'on se rende aux sources du Ray, situées à 2 kilomètres nord-ouest de Cimiès.

Le Ray, ou canal, était le réservoir qui alimentait l'antique Cemenelium, et il était le produit de plusieurs sources que l'on va visiter les unes après les autres. La fontaine de Mouraya se présente sous la forme de deux petites cascades ou filets d'eau, dont le plus abondant sort de l'anfractuosité d'un rocher ; l'autre jet, plus faible, est recouvert, sur le parcours d'un demi-kilomètre, par un aqueduc de construction romaine.

A un quart d'heure de la fontaine de Mouraya, on rencontre une sorte de bassin naturel, formé par les rochers, et qui contient les eaux de la fontaine Sainte, autre source qui est intermittente et ne jaillit que par intervalles.

La fontaine du Temple, ainsi nommée parce qu'elle était voisine d'un couvent de Templiers, s'élance du roc et est recueillie dans un bassin de construction romaine.

Mais la plus belle promenade des environs de Nice est sans contredit l'ascension du mont Cau. On peut le gravir de différents côtés en sortant de la ville ; mais il est d'usage de s'y rendre par Cimiès. Le sommet du mont Cau domine de 854 mètres tout l'amphithéâtre que forment Nice et ses environs. On ne peut monter jusqu'au sommet même, qui est occupé par un fort dont l'entrée est interdite au public;

mais on peut atteindre une assez grande hauteur pour constater que, de cette élévation, le panorama que les regards peuvent embrasser est de toute beauté.

Des courses de chevaux ont lieu tous les ans dans la campagne de Nice, régulièrement dans le courant du mois de janvier. Elles sont généralement très suivies et attirent, chaque hiver, une foule de sportsmen français et étrangers.

CHAPITRE XIX.

DE NICE A MONACO.

Quatre voies différentes s'offrent au touriste qui veut se rendre de Nice à Monaco.

S'il ne craint pas « les grosses vagues qui vous marchandent, et vous mettent, à loisir, à deux doigts de votre perte », il peut fréter une embarcation, comme le premier président de Brosses qui, s'étant d'abord embarqué sur une felouque, l'avait troquée contre une mule, ne voulant pas être marchandé par les grosses vagues, et, si l'on s'en rapporte à ses *Lettres sur l'Italie*, ne fut pas plus rassuré sur sa mule que sur sa felouque : la mule « suivant un sentier large de quatre doigts, bordé par des précipices de quatre cents pieds ».

La voie maritime étant écartée, on peut monter en wagon et suivre la ligne de fer, mais à la condition de renoncer à voir quoi que ce soit. En effet, sur ce trajet de 15 kilomètres, on ne rencontre pas moins de onze tunnels, de sorte que tout le parcours se fait dans l'obscurité.

Il ne reste donc, aux amis du soleil et de la nature, que les deux routes de terre : celle du haut et celle du bas. Entre les deux, l'hésitation n'est pas possible, et l'on choisit la route célèbre que l'univers civilisé connaît sous le nom de *route de la Corniche*, qui est vraiment merveilleuse. Elle monte, elle descend, moulée audacieusement sur tous les détours, sur toutes les aspérités de la montagne ; elle contourne les sommets les plus élevés et quelquefois semble suspendue au-dessus de la mer, se maintenant constamment à une hauteur variant de 300 à 500 mètres.

C'est à partir de Nice que la côte change d'aspect. Les vallées et les plages de sable disparaissent, et sont remplacées par la dernière chaîne des Alpes Maritimes qui, comme d'immenses falaises, s'élèvent à pic au-dessus des flots.

C'est dans cette partie de la Provence que l'on trouve la température la plus élevée ; aussi est-elle généralement désignée par le surnom de *Petite Afrique*. Là, comme végétation, on ne rencontre que des aloès et des palmiers, et l'on s'avance sur des chemins bordés de géraniums qui ont plusieurs mètres de haut. Là, surtout, s'épanouissent et prospèrent toutes les variétés de citronniers dont nous avons donné la nomenclature. Là aussi, l'immortel olivier atteint des proportions colossales, renaissant constamment de sa souche. On en rencontre qui, au niveau du sol, ont de douze à quatorze mètres de circonférence.

Si l'on s'en rapporte à l'itinéraire maritime d'Antonin, la flotte romaine possédait quatre stations entre Nice et Vintimille : Olivula, Anao, Avisio et Hercle-Manico. Or, il est curieux de constater, à deux mille ans et plus d'intervalle, que ces quatre stations romaines sont aujourd'hui les quatre stations du chemin de fer qui conduit de Nice à Vintimille : Olivula s'appelle Villefranche ; Anao c'est Beaulieu ; Avisio c'est Eza, et Hercle-Manico est devenu Monaco.

O éternelle et immuable nature !

La plus importante station maritime du temps des Romains était celle d'Olivula et c'est encore *Villefranche*, la moderne, qui offre le mouillage le plus parfait et le plus sûr.

VILLEFRANCHE, VUE PRISE DE LA SANTÉ.

DESSIN DE F. DE MONTHOLON.

Toutes nos escadres de la Méditerranée connaissent par expérience cette baie magnifique, dominée par la route de la Corniche, et que l'on dirait disposée tout exprès pour le stationnement et les évolutions d'une flotte de guerre. L'entrée de cette rade naturelle est sûre par tous les temps; elle présente des profondeurs qui varient entre vingt et soixante mètres, et les plus gros navires y sont à l'abri à quelques encablures du rivage.

Quant à la petite cité de Villefranche, qui est bâtie sur le mont Soleïat, dont la base est presque baignée par le flot, elle n'a pu, faute d'espace, que se développer en hauteur. Les maisons y ont été élevées en quelque sorte par étages. Tel demeure au rez-de-chaussée; tel autre habite le quatrième au-dessus de l'entresol! Les ruelles, dallées ou pavées, y alternent avec les escaliers de briques; on passe sous des percées en ogives ou des arches voûtées qui rappellent vaguement le Pont des Soupirs, et la bonne femme qui tricote, assise sur le seuil de sa porte, semble garder l'entrée d'une chapelle du moyen âge.

Dans une excellente position stratégique,

Villefranche a été de tout temps une place de guerre ; tour fortifiée, élevée là comme une sentinelle avancée, arsenal, batteries, lazaret, représentent, aujourd'hui encore, ses moyens de défense. Mais elle ne possède aucune des

Une rue de Villefranche.

conditions indispensables à un port de commerce. Nice, sa voisine, beaucoup mieux située sous ce rapport, accapare à son profit tout le mouvement commercial de la contrée.

A 4 kilomètres de la rade de Villefranche et à 6 kilomètres de Nice, on rencontre une presqu'île dont la forme allongée et les contours harmonieux attirent l'attention. En effet, les montagnes de la Corniche qui, jusque-là, descendent en quelque sorte à pic sur la mer, s'affaissent tout à coup progressivement, et, de la Méditerranée, émerge une grande langue de terre recouverte par une forêt de vieux

Beaulieu.

oliviers. C'est sur cette presqu'île et au milieu de cette forêt d'oliviers que se trouve *Beaulieu*.

En face de Beaulieu s'élèvent la tour ronde et la chapelle de *Saint-Hospice*. L'origine de la tour se reconstitue dans les annales, et celle de la chapelle dans la légende.

Sous la dénomination de *Petit-Fraxinet*, les

Sarrasins, maîtres d'une grande partie de la Provence, établirent là un donjon, repaire de bandits, où ils se réfugiaient après avoir mis au pillage toute la campagne environnante. Ils en furent chassés par Gibelin Grimaldi en 977, et vers la fin du quatorzième siècle, Philibert-Emmanuel, duc de Savoie, transforma le donjon abandonné en forteresse. Elle subsista intacte jusqu'en 1706, époque où le maréchal de Berwick s'en empara et la démantela. Seule, aujourd'hui, la tour ronde est restée debout, dernier vestige du donjon construit par les Sarrasins et de la forteresse édifiée par le duc de Savoie.

Elle a pour voisine la chapelle de Saint-Hospice où, chaque année, le 16 octobre, de nombreux fidèles se rendent en pèlerinage.

Les annales nous ont appris l'histoire de la tour, la légende va nous dire l'histoire de la chapelle. Au sixième siècle de notre ère, vivait à cet endroit saint Hospitius, qui édifiait toute la contrée par ses austérités religieuses. Son ermitage ayant été envahi par les barbares, ils lui enjoignirent, sous peine de mort, de leur livrer ses richesses. Et comme le pauvre ermite, bien empêché, ne pouvait les satisfaire,

l'un de ces mécréants leva sur lui sa hache...
Soudain, le bras qui avait menacé la tête du
saint homme retomba inerte, frappé de paralysie ! C'est en souvenir de ce miracle que fut
élevée la chapelle de Saint-Hospice et qu'elle
est devenue un lieu de pèlerinage.

Saint-Jean.

Beaulieu, qui confine à la Petite Afrique, est
un séjour enchanté où, de Monte-Carlo et de
Nice, on fait la partie d'aller déjeuner en plein
air, au bord des flots et au milieu d'une serre
naturelle de citronniers et d'orangers.

Sur le versant oriental du cap Ferrat on rencontre le hameau de *Saint-Jean*, une des anses les plus coquettes de cette partie de la côte. C'est le rendez-vous habituel des canotiers de Nice et des amateurs de pêche à la ligne qui viennent là déguster une succulente et vraie bouillabaisse.

De la pointe du cap, la vue est splendide. Par un temps clair, le regard peut distinguer successivement Monaco, Monte-Carlo ; plus loin Ventimiglia, Bordighera, et, plus loin encore, les montagnes de la Corse.

Un service régulier d'omnibus fonctionne entre Nice et Saint-Jean.

Eza que, dans le style imagé qui lui est personnel, M. Stephen Liégeard appelle « un village sur un pal », est bâtie, en effet, sur le sommet d'un rocher pyramidal. Eza, avec ses ruelles étroites et tortueuses, surmontées d'arcades pour la plupart, a tout à fait le type d'une ville mauresque.

Un escalier naturel, formé des strates du calcaire, conduit aux ruines d'un château qui, jadis, fut entièrement démantelé par Barberousse. Ce château, dont il ne reste aujourd'hui que quelques pans de murs, domine à pic, de 600 pieds, les flots bleus de la Méditerranée.

ÈZA, VUE PRISE DE LA ROUTE DE LA TÊTE DE CHIEN.
DESSIN DE F. DE MONTHOLON.

L'étymologie d'Eza, selon quelques savants, proviendrait de la déesse égyptienne Isis ; d'aventureux Phéniciens, naufragés à cet endroit, ayant mis leur naissante colonie sous la protection de cette déesse.

C'est monter déjà un peu haut que d'entreprendre l'ascension d'Eza, mais il nous semble que c'est remonter beaucoup trop haut, dans la nuit des âges, que de vouloir retrouver Isis dans Eza, et d'attribuer son origine à une époque légendaire.

Au-dessous des ruines du vieux château, une église, bâtie sur une terrasse, vient se montrer à point pour rappeler au touriste qu'il n'est pas en terre africaine. C'est un véritable contraste !

De la fontaine d'Eza, une route de 4 kilomètres conduit directement à *la Turbie*, qui est une ville de 2330 habitants, située à 500 mètres au-dessus de la mer, sur le promontoire qui réunit le mont Agel au rocher dit de *la Tête de Chien*.

D'une plate-forme en demi-lune, construite sur des rochers à pic et terminée par des balustres, on aperçoit à ses pieds, et comme d'un balcon, la ville de Monaco, son château, ses terrasses qui paraissent suspendues, par un prodige d'équilibre, au-dessus de la mer. De cette hauteur et de cet éloignement, le sentiment des proportions disparaît, et la principauté des Grimaldi ressemble à un paysage sorti de la ménagerie d'un enfant.

Suivant une tradition qui, d'âge en âge, s'est conservée dans le pays, ce serait sur l'emplacement même où est située aujourd'hui la Turbie qu'Auguste aurait vaincu, dans une bataille décisive, les peuplades des Alpes. Et, c'est pour éterniser le souvenir de cette grande victoire qu'il aurait fait élever les trophées dont on retrouve les restes dans la *tour d'Auguste*, qui s'élève sur une colline qui domine la ville. Les pans de murs, les fragments de colonnes de marbre qui gisent pêle-mêle dans l'herbe, recouverts de plantes parasites, permettent encore de reconstituer par la pensée ce que pouvait être cet admirable édifice.

La grande curiosité de la Turbie est la tour d'Auguste.

Ce monument a commencé à être dégradé vers le sixième siècle par les Lombards, auxquels succédèrent les Sarrasins. A l'époque des guerres entre les guelfes et les gibelins, il fut transformé en forteresse ; puis, au dix-septième siècle, le maréchal de Villars acheva sa ruine. Dès l'invasion des Lombards, il était devenu une mine inépuisable de matériaux de construction, car, pendant dix siècles, des générations successives le mirent les unes après les autres à contribution. Le village de la Turbie, ses remparts, son église, ont été construits entièrement avec les débris du trophée d'Auguste. L'église de Monaco, une partie du village d'Eza, le maître-autel de la vieille cathédrale de Nice, ont été édifiés en puisant à la même source. Bref, les ruines de ce trophée ont été dispersées à tous les vents, détachées, brisées, transformées, et complètement perdues pour les archéologues.

Aujourd'hui, le touriste ne se doute guère que cette tour qui semble toucher aux nuages, et que l'on aperçoit des terrasses de Monte-Carlo, a été l'un des plus grands et des plus beaux monuments de la puissance romaine, et qu'il était appelé à perpétuer l'image d'Auguste et sa gloire de conquérant.

De la Turbie, on peut, en une petite demi-heure, aller visiter *Notre-Dame de Laghet*, le plus célèbre lieu de pèlerinage entre Cannes et Ventimiglia. C'est aux fêtes de la Trinité et de la Saint-Pierre que la foule des pèlerins s'y rend en procession, et cette foule ne comprend guère moins de dix à douze mille fidèles. Les carmes, qui ont la garde de ce couvent, sont tout fiers de montrer, dans leur cour, une colonne tronquée sur la base de laquelle on peut lire une inscription qui rappelle que le roi Charles-Albert, après la défaite de Novare, vint à Laghet passer sa dernière nuit sur le sol italien :

ICI
IL A PARDONNÉ LES INJURES ;
IL A PLEURÉ LES MALHEURS DE SA PATRIE,
ET, EN ABANDONNANT, DE SA PERSONNE, LE SOL DE L'ITALIE,
IL EN A RECOMMANDÉ LES DESTINÉES
A LA PROTECTION DE LA VIERGE MARIE.

CHAPITRE XX.

MONACO ET MONTE-CARLO.

La principauté de Monaco, dont la capitale occupe le sommet d'un rocher, n'a guère plus de 3 kilomètres de longueur sur une largeur qui, longeant les sinuosités du rocher, varie de 200 mètres à 1 kilomètre. D'après cet énoncé, tout le monde peut constater que beaucoup de propriétés particulières, en Europe, mesurent une superficie autrement grande que celle de ce petit État.

Par sa situation, sa couleur, sa végétation, ce roc, qui forme promontoire, ressemble beaucoup plus à un fragment détaché de l'archipel des Cyclades qu'à un paysage d'une contrée de l'Occident. Quant à l'origine de Monaco, elle est la plus ancienne de toute la contrée provençale ; ce n'est pas dans la tradition historique ou préhistorique, dans l'occupation des Ligures, des Phéniciens ou des Romains qu'il faut la chercher, mais dans la légende, dans la mythologie. Et malgré ses transformations successives, elle en a gardé tout le côté poétique. C'est un décor d'opéra éclairé par le soleil de l'Orient.

Nos souvenirs personnels ne suffisant pas, nous avons dû recourir aux patientes recherches ou reconstitutions de Jean Reynaud, de MM. Abel Rendu et Ernest Desjardins qui, eux-mêmes, avaient puisé dans Strabon, Denis d'Halicarnasse, Diodore de Sicile, Pline, Tacite ; et de ces intéressantes études nous avons dégagé les faits suivants.

La tradition antique raconte que le vaillant Hercule, fils de Jupiter et d'Alcmène, s'il vous plaît, et la personnification incarnée de la force, vint, avant de se rendre en Espagne, atterrir sur ce rocher où il vainquit Géryon et les brigands des montagnes voisines. Ce ne devait être là qu'un jeu d'enfant pour un héros qui avait tué l'hydre de Lerne et nettoyé les écuries d'Augias qui ne l'avaient pas été depuis trente ans, et qui contenaient trois mille bœufs! Il ouvrit ensuite un passage à travers les Alpes, et, chemin faisant, consacra à sa mémoire le petit port s'étendant jusqu'à la Condamine et

MONACO, VUE PRISE DE LA GRÈVE.
DESSIN DE F. DE MONTHOLON.

le rocher sur lequel Monaco s'élève aujourd'hui. Aussi, et jusqu'aux premiers temps de l'ère chrétienne, Monaco conserva-t-il le nom de *Portus Herculis* (port d'Hercule).

Deux autres villes de l'Italie, auxquelles on a attribué sans doute la même origine, portent un nom semblable : *Herculis Cosani portus* était une ville de l'ancienne Italie située sur les côtes de la mer Tyrrhénienne; et *Herculis Liburni portus*, une ville de l'ancienne Italie située sur les bords de l'Arno. Elle se nomme aujourd'hui Livourne.

La ville de la Gaule cisalpine qui est actuellement Monaco, était désignée ainsi : *Portus Herculis Monœci*. On voit, comme nous le disions plus haut, que nous sommes encore loin des Grecs et des Romains.

Ce qui paraît incontestable, c'est que cinq cents ans avant l'apparition du christianisme, Hécatée de Milet parlait déjà, dans ses livres, de *Portus Herculis Monœci* comme d'une colonie célèbre. Or, cette colonie, occupant un point isolé dans la circonscription de ce littoral, le dieu protecteur en avait reçu le nom de *Monoitos* (habitant isolé), dont les Romains firent plus tard *Monœcus*. La ville s'appelait donc *Portus Herculis Monœci*.

Dans les siècles qui suivirent, au moyen âge, on supprima le nom d'Hercule; on ne garda que son surnom de *seul*, et c'est ainsi que le dieu mythologique se transforma en moine, et que l'idée de la cellule chrétienne fut substituée à l'idée de l'Hercule solitaire.

L'écu de Monaco représente un moine solidement bâti, comme le héros de la force, à la barbe épaisse et courte, au visage fier, et l'épée nue en main. C'est un Hercule sous la robe de bure.

Pour les Provençaux, le nom de Monaco se transforma en celui de *Monègues,* et pour les Français en celui de *Mourges* ou *Morges*.

Après la mort de Charlemagne, Monaco fut pris par les Sarrasins qui s'y établirent, ainsi que sur toutes les montagnes voisines. Ils furent chassés de leur forteresse de Saint-Hospice, ainsi que nous l'avons vu précédemment, par Gibelin Grimaldi, qui les expulsa également de Saint-Tropez, et reçut, en récompense, le fief de Grimaud. C'est au dixième siècle que l'empereur Othon Ier institua la dignité de prince de Monaco et la conféra à un membre de la famille Grimaldi.

En 1162, l'empereur d'Allemagne, Frédéric Ier, en fit cadeau à la république de Gênes, et cette donation fut confirmée successivement par Raymond V, comte de Provence, et par Henri VI.

En 1215, les Génois ayant pris possession de leur fief, en relevèrent les fortifications.

Pendant plus d'un siècle, la ville de Monaco fut prise et reprise par les parties des guelfes et des gibelins. Les Grimaldi et les Spinola s'en emparaient également tour à tour.

Mais, en 1338, Charles Grimaldi, grand amiral de France et de Gênes, qui était maître à cette époque du rocher de Monaco, racheta, afin de l'occuper définitivement, moyennant la somme de 1200 florins d'or, l'investiture que le roi Charles II en avait faite aux Spinola. Il resta, désormais, le seul propriétaire incontesté et féodal de cette redoutable forteresse. En 1346, il ajouta à sa principauté les seigneuries de Menton, de Roquebrune et de Castillon.

Jaloux de ces extensions successives, et

craignant pour l'avenir un trop puissant voisin, les Génois vinrent assiéger Monaco.

Charles Grimaldi se défendit pendant un mois. Mais il dut rendre la place et capituler, moyennant une indemnité de 20000 florins d'or. Il ne lui resta que les villes de Menton et de Roquebrune qu'il avait achetées.

Au siècle suivant, Jean Grimaldi de Beuil, profitant de l'absence de son cousin Rainier Grimaldi, s'empara de la ville par surprise et en fit un nid de pirates. Il garda sa conquête pendant six mois, jusqu'au jour où Boucicault, gouverneur de Gênes pour le roi de France, vint s'emparer du port d'Hercule et de Monaco et les rendit à Rainier Grimaldi, leur propriétaire légitime. Plus tard, Lucien Grimaldi, grand chambellan de France, soutint à Monaco un siège long et opiniâtre contre les Génois et les Pisans, les força à lever le siège et leur reprit Menton et Roquebrune.

Pendant les invasions en Italie que firent Charles VIII et Louis XII, les Grimaldi de Monaco devinrent les alliés des Français et reçurent, en échange de leurs services, le gouvernement de toute la rivière occidentale de Gênes.

Jean II, seigneur de Monaco, était donc l'un des plus puissants princes de l'Italie, lorsqu'il fut assassiné en 1505 par Lucien Grimaldi, son propre frère. Au moment de cet assassinat, le peuple génois s'étant révolté, avait chassé de la ville les familles patriciennes qui se réfugièrent à Monaco. Lucien Grimaldi, prenant fait et cause pour elles, leur prêta ses navires pour s'emparer des bâtiments de commerce de la république de Gênes. Les Génois, indignés, équipèrent une flotte imposante pour mettre fin à ces actes de piraterie, et vinrent assiéger la ville. Pendant cinq mois, la garnison monégasque se défendit énergiquement, mais elle eût fini par succomber sans l'intervention de Louis XII, qui envoya à son secours le général d'Allègre, à la tête de trois mille fantassins. Les Génois levèrent alors le siège et se retirèrent.

En 1523, Lucien, le meurtrier de son frère, était assassiné, à son tour, dans son propre palais, par son neveu Barthélemi Doria. De 1525 à 1605, c'est-à-dire pendant quatre-vingts ans, Augustin Grimaldi, évêque de Grasse, frère et successeur de Lucien, abandonna l'alliance des rois de France pour vivre sous la protection de Charles-Quint. Mais, à la mort d'Honoré Ier, les Espagnols ayant profité de la minorité de son successeur pour s'établir en maîtres dans la principauté, un traité secret fut conclu avec Richelieu. Les Espagnols furent chassés presque sans coup férir, et par le traité de Péronne, en 1641, la principauté fut replacée sous le protectorat de la France. En apprenant les faits qui venaient de se passer, le roi d'Espagne déposséda les Grimaldi des fiefs qu'ils possédaient à Milan et à Naples; mais, comme dédommagement, Louis XIV leur fit don du duché de Valentinois, auquel était attachée la pairie.

En 1731, la postérité mâle des Grimaldi s'étant éteinte, le comte François-Jacques de Goyon-Matignon, qui avait épousé la fille unique du dernier des Grimaldi, fut créé duc de Valentinois, prit le nom et les armes des Grimaldi et y joignit, par héritage, la principauté de Monaco, qu'il laissa à Honoré III, son fils. Sous le règne de son petit-fils, Honoré IV, la principauté fut réunie à la République française en 1793, et forma alors et pour la première fois, avec le comté de Nice, le département français des Alpes-Maritimes.

A la suite des événements de 1814, les Bourbons rappelèrent Honoré IV ; mais, par le traité de novembre 1815, la principauté de Monaco fut placée sous la protection des rois de Sardaigne. Le Piémont reconnut la suzeraineté du prince, se réservant toutefois d'occuper militairement la principauté et d'en nommer le gouverneur.

Le prince Honoré V succéda en 1819 à son père, et fit une entrée solennelle dans sa capitale. Mais nommé pair de France sous les Bourbons, il habitait toujours Paris. A l'avènement de Louis-Philippe, il prêta serment au nouveau roi constitutionnel, et continua de siéger au Luxembourg. Comme il ne laissait pas d'héritier direct, ce fut son frère, Florestan Ier, qui lui succéda. Quand vint la révolution de février, en France, les habitants de Menton et de Roquebrune, mécontents du gouvernement de Florestan, réclamèrent des institutions constitutionnelles, et trouvant que les concessions qu'on voulait leur accorder n'étaient pas suffisantes, se déclarèrent indépendants et votèrent leur réunion au royaume de Sardaigne. Par ordonnance du 18 septembre 1848, le roi Charles-Albert réunit donc ces deux communes à la monarchie sarde.

Florestan Ier, en apprenant cette annexion, adressa une protestation aux puissances signataires des traités de 1814 et de 1815, et, par suite des représentations faites au cabinet de Turin par ces puissances, il fut réintégré dans la possession de ses États. A sa mort, qui eut lieu en 1856, il laissa la couronne à son fils Charles III qui, en 1860, époque de la cession du comté de Nice à la France, accepta le protectorat français et, moyennant une compensation pécuniaire, consentit à l'annexion à la France des villes de Roquebrune et de Menton.

Pour laisser à Monaco les ressources que lui procure l'établissement des jeux qui l'exonère de tout impôt, cette principauté est restée un fief indépendant. Les grandes puissances européennes sont tombées d'accord pour neutraliser, en quelque sorte, cet heureux petit royaume, devenu le rendez-vous des aristocraties du monde entier. Aussi, le vieux dicton monégasque que connaissent tous ceux qui ont visité les stations de la Méditerranée, n'a-t-il plus sa raison d'être : « Je suis Monaco, sur un rocher; je ne sème ni ne récolte, et pourtant je veux manger. » Grâce à l'argent de la colonie étrangère, Monaco mange bien et même très bien, les tapis verts de Monte-Carlo étant l'inépuisable trésorerie de cet heureux petit peuple. En tout cas, les habitants de ce paradis de l'Europe sont gens industrieux, car on sait qu'ils ont voulu prendre part, eux aussi, à l'Exposition du Champs-de-Mars en 1889, et la part qu'ils y ont prise a été des plus méritantes.

Le pavillon de la principauté de Monaco, qui occupait une superficie de 300 mètres carrés et qui s'élevait sur la gauche de la tour Eiffel, est resté dans toutes les mémoires. C'était un élégant pavillon de style italien, peint de rouge et de blanc, et qui a fait grand honneur à son architecte, M. Janty. La terrasse, sur laquelle s'élevait le soubassement, rappelait bien toutes les constructions que l'on rencontre au pays du soleil. Et cette impression était augmentée encore par des échantillons de la flore du pays, palmiers, aloès, plantes grasses, qui formaient la ceinture extérieure du pavillon. Les terres cuites et les médaillons ornant la façade ou l'intérieur des salles, ainsi que les grandes vasques placées devant la serre, étaient des produits de l'industrie monégasque.

A l'intérieur, trente-six exposants avaient, en outre des produits d'horticulture et d'arboriculture, montré des échantillons de leurs eaux de Cologne et d'iris, ainsi que ceux de leurs sirops de caroube et d'eucalyptus qui, nouvellement entrés dans l'usage pharmaceutique, y rendent de réels services. Les faïences décoratives y occupaient aussi une large place; mais le grand intérêt de cette exposition était surtout celle de S. A. le prince Albert de Monaco, l'une des plus curieuses de toute l'Exposition.

On sait que le prince Albert a fait des explorations tout à fait intéressantes, dont il a publié le récit dans la *Revue des Deux Mondes*. Son exposition comprenait une véritable collection de plantes sous-marines, résultat de recherches faites au fond de la mer, dans les environs des îles Açores. Il y avait aussi des poissons étranges, des crevettes énormes, qui intéressaient autant la masse du public que les savants eux-mêmes.

Le temps des conquêtes brutales étant passé, n'est-ce pas là un admirable exemple que donne ce descendant et cet héritier des Grimaldi, en consacrant ses grandes aptitudes et ses loisirs aux conquêtes de la science moderne? Aussi, quand deux grands prix ont été décernés par le jury international aux collections si curieuses du prince Albert, aujourd'hui prince régnant, tout le monde a applaudi à ces hautes récompenses si bien méritées.

En outre de ces deux grands prix, les exposants de la principauté de Monaco ont remporté neuf médailles d'or et quatorze médailles d'argent! On voit que, bien qu'elle soit petite par son territoire, la principauté de Monaco n'est pas celle qui a le moins brillé à l'Exposition universelle de 1889.

Aujourd'hui, la population de la principauté est d'environ 9200 habitants, et la ville de Monaco en renferme 2800. Ainsi que nous l'avons dit, toutes les habitations sont construites sur le sommet d'un rocher, formant terrasse, d'une longueur de 300 mètres et situé à 60 mètres au-dessus du niveau de la Méditerranée.

Deux chemins s'offrent au touriste pour faire l'ascension de la ville : une grande route de voitures, bien ferrée, bordée d'une balustrade ajourée, et qui décrit une grande courbe pour en rendre la pente plus douce ; puis une ruelle pavée, très raide, accessible seulement aux piétons, et qui vient aboutir à la place du Palais.

La place du Palais, qui occupe toute l'extrémité nord-ouest du plateau, est assez grande et fort belle. Un buste de marbre représentant Charles III en occupe le centre et, au pied de ses parapets crénelés reposent les canons de bronze donnés jadis par Louis XIV aux princes de Monaco. Ces canons, de vieux modèle, portent sur leurs affûts les noms de leurs parrains : le Richelieu, le Mazarin, le Suffren, gravés sous les rayons d'un astre du jour en métal, emblème du roi Soleil. Des pyramides de boulets séparent les canons les uns des autres.

Le Palais, bâti dans le style italien, est un édifice fort ancien, qui a été agrandi par des constructions successives. La partie où se trouvent les appartements les plus remarquables doit dater des quinzième et seizième siècles. La façade est dominée par une tour dont le sommet est découpé en créneaux, et de style mauresque. Deux statues de moines armés gardent le blason des Grimaldi qui surmonte la porte principale : *Dieu aidant* est leur devise.

La cour d'honneur est fort belle, et un vaste escalier de marbre blanc, à double rampe, conduit à une large galerie à arcades, décorée de peintures à fresques. De l'autre côté règne également une galerie ornée de fresques attribuées à Caravage, mais qui ont dû être restaurées par un peintre moderne.

Les appartements auxquels les deux galeries donnent accès sont ornés de tableaux, de bronzes, d'objets d'art ou rares ou précieux, et les pièces qui forment ces appartements ont gardé les noms des grands personnages qu'elles ont eu l'honneur sans doute d'abriter dans les temps écoulés. Voici la salle Grimaldi, la salle Louis XIII, le salon d'York, la chambre Louis XV, etc., etc... Le sol est ou pavé de mosaïques, ou parqueté de bois précieux, et sur les murs courent de beaux tableaux ou de grands portraits signés par Vanloo, Carrache, l'Albane, Largillière et Mignard.

Il ne faut pas quitter le palais sans visiter la chapelle de *Saint-Jean-Baptiste*, remarquable par ses marbres de Carrare, ses dorures et ses mosaïques. Les jardins, eux aussi, méritent qu'on les voie, et quand on les a vus on en garde le souvenir, car cette flore exotique, à laquelle nos yeux ne sont pas habitués, et l'art avec lequel elle est disposée, font éprouver un sentiment d'admiration. Battus par les flots, les figuiers de Barbarie, dont les feuilles épaisses et armées de piquants ressemblent à une armure, montent et couvrent l'escarpement des rochers jusqu'à leur sommet, jusqu'au sol praticable où s'épanouissent les géraniums, les aloès, les myrtes, les lauriers-roses, les grenadiers et les palmiers.

La principale église de la ville, *Saint-Nicolas*, est construite dans le style romano-byzantin. C'est dans la crypte de cette église que sont inhumés les princes de Monaco et les membres de leur famille. Une autre église plus petite, celle dite *des Pénitents*, renferme un groupe en marbre représentant la Vierge entourée d'anges. Le collège Saint-Charles, dirigé par des ecclésiastiques, possède aussi une chapelle.

Quand on descend de Monaco pour se rendre à Monte-Carlo qui lui fait vis-à-vis, il faut, avant de remonter sur l'autre promontoire, traverser tout le vallon qui se trouve à l'extrémité du golfe, séparant les deux collines parallèles. Ce vallon se nomme *la Condamine.* Ce n'était, il y a quelques années, qu'un champ de violettes planté d'orangers, sur lequel les petites vagues, frangées d'écume, venaient se dérouler indolemment. Un étranger eut la fantaisie d'y bâtir, pour éviter sans doute l'ascension quotidienne de Monaco ou de Monte-Carlo ; un autre l'imita, puis, la spéculation se mettant de la partie, la Condamine devint une vraie ville renfermant toutes les industries nécessaires à la vie. Et là, comme elle est moins dispendieuse qu'à Monte-Carlo, ce quartier est devenu l'asile des familles.

A l'extrémité de la Condamine et à l'entrée d'une gorge étroite s'enfonçant dans la montagne, s'élève le sanctuaire de *Sainte-Dévote*, la patronne du pays. C'est un lieu de pèlerinage, où l'on se rend en procession le 27 janvier de chaque année.

De la Condamine, on monte, par une belle route ferrée jusqu'à la place de Monte-Carlo dont le centre est occupé par un bassin, et sur laquelle s'élève le célèbre Casino. Une colonnade ionique, qui en décore l'entrée, donne accès dans un grand vestibule sur lequel s'ouvrent les salles de jeu, les salons de lecture, la salle de spectacle et de concert. Ce vestibule, éclairé par la lumière électrique, est décoré de deux grands panneaux peints par M. Jundt : *Vue de Monte-Carlo prise de la route de Menton ; Une récolte d'olives au cap Martin.* C'est le rendez-vous habituel des abonnés qui, pendant une série perdue ou gagnée et pendant un entr'acte, viennent y deviser des nouvelles du jour.

L'entrée des salles de jeu est à gauche et, sur une carte d'admission délivrée dans le vestibule par les administrateurs, elles sont accessibles à tous les étrangers. Pas précisément à tous, cependant, car, à l'exemple de la loi, la roulette n'atteint pas les mineurs. Quand je m'y présentai, j'étais accompagné de ma femme et de mon plus jeune fils, qui avait treize ans à

Casino de Monte-Carlo.

cette époque. Sur l'énoncé de son âge, nous dûmes le laisser au dépôt des cannes et parapluies. Il n'était pas content. Les salles de jeu sont de style mauresque, décorées dans le goût oriental. La salle du trente et quarante est encadrée de quatre grands panneaux, représentant les différents genres de sport, et peints par MM. Clairin, Boulanger, Lenepveu et Saintin.

La nouvelle salle de théâtre, construite en 1879 par M. Charles Garnier, le célèbre architecte de l'Opéra de Paris, est une élégante construction dans le genre italien. Sa façade est du côté de la mer et domine la terrasse du Casino. On y monte par un grand perron, composé de trois arcades, surmontées d'œils-de-bœuf et encadrées de deux tours élégantes qui, moucharabis et campaniles compris, mesurent 38 mètres de hauteur. A droite et à gauche de l'entrée s'élèvent deux groupes de sculpture, l'un, *la Musique*, dû au ciseau de Mme Sarah Bernhardt, l'autre, *la Danse*, par Gustave Doré. Les façades latérales renferment des figures décoratives qui représentent *la Peinture, la Sculpture, l'Architecture* et *l'Industrie*.

La salle intérieure, d'une rare élégance, et

qui peut contenir environ mille spectateurs, est entourée de médaillons à la Henri II. Les voussures représentent *le Chant*, par Feyen-Perrin ; *la Musique*, par Boulanger ; *la Danse*, par Clairin, et *la Comédie*, par Lix. C'est sur cette scène, large de 19 mètres, et encadrée de panneaux décoratifs que, depuis dix ans, ont paru les plus grands artistes de l'Europe. La Patti, l'Alboni, Mmes Carvalho, Fidès-Devriès, Caroline Salla, Galli-Marié, Simonnet, Dufrane, MM. Faure, Capoul, de Soria, Talazac, y ont successivement interprété les chefs-d'œuvre de Mozart, Rossini, Hérold, Auber, Ambroise Thomas, Gounod, Bizet et Delibes. Les représentations lyriques alternent avec les concerts où un orchestre de quatre-vingts musiciens d'élite, sous la direction de M. Arthur Steck, exécute magistralement les œuvres des maîtres anciens et modernes. Les flonflons de l'opérette y alternent aussi avec la comédie représentée par de grands artistes en rupture de Comédie-Française. Et tous ces plaisirs ne coûtent rien aux visiteurs, la direction du Casino ayant toujours eu pour principe de pratiquer, sur la plus grande échelle, l'hospitalité écossaise.

La terrasse et le jardin du Casino sont de véritables merveilles. Aussi aime-t-on Monte-Carlo pour l'amour de l'art et de la nature. Terrasses splendides, balustres et escaliers de marbre, palmiers, citronniers, fleurs des tropiques encadrées dans des buissons de roses... c'est un véritable enchantement! En contre-bas des terrasses et s'élevant au-dessus de la mer comme un bastion avancé, se trouvent les élégants pavillons, la rotonde et l'enceinte du tir aux pigeons.

Les Parisiens, les habitants de la banlieue de Paris, et même tous les provinciaux et les étrangers venus pour visiter l'Exposition de 1889, connaissent le tir aux pigeons situé au bois de Boulogne, et qui appartient au Cercle des patineurs. Celui de Monte-Carlo a été construit sur le même modèle.

Devant un pavillon central s'étend une enceinte gazonnée d'une longueur de 50 mètres environ. Au milieu de cette enceinte, qui est terminée par un treillage circulaire à hauteur d'homme, on distingue cinq boîtes fermées, adhérentes au sol, et placées, sur le même plan, à 1 mètre de distance l'une de l'autre.

Ces boîtes renferment chacune un pigeon vivant. Au moyen d'un ressort placé à l'intérieur du pavillon, une des boîtes s'ouvre d'elle-même, et le pigeon s'envole. C'est cet oiseau que le tireur, posté sur le seuil extérieur du pavillon, doit abattre... ou manquer de ses deux coups de fusil. Si le volatile ne tombe pas sur le coup, et, blessé seulement, franchit le treillage de l'enceinte pour aller tomber plus loin, la pièce ne compte pas et est considérée comme perdue pour le tireur.

Ce sport est, paraît-il, beaucoup plus difficile qu'il ne le paraît aux yeux du simple spectateur et, au Cercle des patineurs, des poules ou des paris sont souvent engagés, variant de dix à cent louis.

A Monte-Carlo, ce tir prend des proportions énormes en raison du nombre et de la valeur des prix offerts par l'administration des jeux. Des objets d'art, des coupes, des statuettes en argent ciselé, des vases de Sèvres sont délivrés aux vainqueurs. Le tournoi commence chaque année, au mois de janvier, par la poule d'essai, à laquelle succèdent les prix du Casino, de Monte-Carlo, de consolation, et se termine par les deux journées solennelles dites du *Grand Prix*. Ce grand prix est de 20000 francs auxquels on ajoute généralement une coupe de Froment-Meurice. Aussi voit-on accourir à ce championnat tous les tireurs émérites du globe. Le nom du vainqueur, transmis immédiatement par le télégraphe, est proclamé par la presse de l'univers, et inscrit en lettres d'or, par les soins du Casino, sur une plaque de marbre qui occupe un des panneaux du salon principal du tir.

Ah! si l'on consultait les pigeons sur ce genre d'exercice... mais ils ne votent pas encore, et, jusqu'à présent, tout leur souci est d'échapper à tire-d'aile au plomb meurtrier des tireurs cosmopolites.

La principauté de Monaco a vu naître le sculpteur Bosio et le romancier contemporain Emmanuel Gonzalès.

En quittant Monaco pour se rendre à Menton, on s'écarte généralement de la ligne droite pour s'élever dans la montagne et visiter la petite ville de *Roquebrune* (Rocca bruna) suspendue aux flancs mêmes d'une colline. C'est une ville fort ancienne, qui renferme un millier

ROQUEBRUNE.
DESSIN DE F. DE MONTHOLON.

d'habitants, et dans laquelle on pénètre par une vieille porte en ogive, garnie encore de machicoulis. La rue principale qui conduit à l'ancien château est voûtée en partie et formée d'escaliers qui alternent avec des plates-formes, de telle sorte qu'avec un peu de bonne volonté on pourrait se croire à Venise, et dans le voisinage du pont des Soupirs.

Après avoir appartenu successivement à toutes les nations qui se disputèrent si souvent et pendant si longtemps tous les centres habités de ce littoral, Roquebrune appartenait aux Lascaris de Ventimiglia qui en avaient reçu l'investiture, quand ceux-ci en furent chassés par les Génois qui, ainsi que nous l'avons dit précédemment, la cédèrent, moyennant finances, à Charles Grimaldi, grand amiral de France et de Gênes. Elle resta dès lors annexée à Monaco et à Menton dont elle suivit les destinées. En 1860, elle fut, avec Menton, réunie à la France, et depuis cette époque, elle fait partie du département des Alpes-Maritimes.

D'après la tradition, ce bourg, à la suite d'un éboulement, se serait mis un jour à glisser et à descendre le versant de la colline sur laquelle il est construit, quand, tout à coup, il fut heureusement arrêté dans sa glissade par une racine de genêt.

On voit qu'en-Provence la légende ne perd jamais ses droits.

Aujourd'hui, les ruines du château des Lascaris, qui dominent la ville et subsistent encore, offrent aux regards du visiteur des tours et des créneaux dont l'ensemble est vraiment intéressant. De cette hauteur on jouit, en outre, de l'un des plus beaux points de vue que peut offrir la route de la Corniche.

CHAPITRE XXI.

MENTON.

Situé à 30 kilomètres nord-ouest de Nice, et peuplé de 11 000 habitants, Menton est une charmante ville, admirablement placée sur un promontoire, qui divise, par le milieu, une vaste baie semi-circulaire de 8 kilomètres. L'échancrure orientale de cette baie est dominée par des falaises et des collines abruptes; l'échancrure septentrionale, appelée *golfe de la Paix*, en raison du calme de ses flots et de la courbure gracieuse du rivage, est bordée de terrains d'alluvions où se terminent les pentes des collines environnantes, et qui sont arrosés, à l'époque des pluies, par quatre torrents : le Carei, le Borigo, le Gorbio et le Fossan.

Les archéologues assurent que Menton doit son nom et son origine à des partisans de l'empereur Othon, qui l'auraient appelé ainsi : *In memoriam Othonis*. Traduire : en mémoire d'Othon par Menton, est une définition qui me semble bien fantaisiste et qui confine presque à un mauvais jeu de mots. D'un autre côté, la tradition populaire — qui est souvent la meilleure — attribue la fondation de la ville à des pirates de l'île de Lampéduse, débarqués, vers la fin du huitième siècle, sur les côtes de la Ligurie.

Comme toutes les autres cités du littoral, elle eut à subir l'invasion des Sarrasins ; puis, vers le treizième siècle, ses voisins les plus puissants, les comtes de Ventimiglia, s'en emparèrent pour en investir un noble Génois, nommé Guillaume Vento, qui eut le titre de suzerain et prit le droit de frapper monnaie. Vinrent ensuite les luttes des guelfes et des gibelins, qui désolèrent cette contrée comme toutes les autres parties de l'Italie.

Vers la fin de ce treizième siècle, Vento, ligué avec quelques grandes familles patriciennes exilées par les Génois, invoqua l'aide de Charles d'Anjou, auquel il ouvrit les portes de son château de Menton. Une armée génoise essaya vainement d'emporter la place ; mais, quelques années plus tard, mal défendue par

MENTON, VUE PRISE DES ROCHERS ROUGES.
DESSIN DE F. DE MONTHOLON.

Robert d'Anjou, elle fut reconquise par les Génois et resta en leur pouvoir.

A l'époque où Charles Grimaldi s'en rendit acquéreur, ainsi que de Roquebrune, elle fut divisée, dépecée en quelque sorte, par plusieurs princes suzerains, jusqu'au jour où le plus puissant d'entre eux, Lucien de Monaco, parvint à réunir sous sa domination toutes les fractions de suzeraineté qui grevaient Menton. Dès lors — et ceci se passait au commencement du seizième siècle — cette ville suivit à peu près les destinées successives de la principauté de Monaco. Sous la première République française et sous le premier Empire, Menton, comme toute la principauté, fut réunie à la France. Mais, à la rentrée des Bourbons, en 1815, elle fut restituée, sous la protection de la Sainte-Alliance, à son prince légitime, Honoré IV. En 1819, comme nous l'avons déjà dit, Honoré V fit une entrée solennelle dans sa capitale; mais, habitué depuis longtemps à la vie de Paris, il se hâta de revenir habiter la France. On assure que, pendant les vingt-cinq années de son règne, il ne se montra que trois fois à Monaco.

A distance, il ne s'en rendit pas moins odieux à ses sujets par son absolutisme et sa rapacité. C'est lui qui inventa la loi dite *exclusive des céréales*, par laquelle tous les habitants monégasques, mentonais ou étrangers, étaient obligés de manger le même pain. Il imposa tout ce qui était imposable, depuis les céréales et les bestiaux jusqu'aux arbres, sans se soucier autrement des justes récriminations de son petit peuple. Aussi, à sa mort, son successeur, le prince Florestan, fut-il sommé d'abolir tous ces impôts, et comme il faisait la sourde oreille, les Mentonais, profitant de la révolution de février 1848, en France, s'empressèrent-ils de se révolter, de chasser la garnison et de se déclarer ville libre, en arborant le drapeau italien. Entraînant Roquebrune par son exemple, les deux cités se déclarèrent indépendantes, sous le protectorat des rois de Sardaigne.

Pendant treize années, sous la présidence du chevalier Charles Trenca, « homme aussi grand par le cœur que par le caractère », la petite république de Menton et de Roquebrune put jouir en paix de son autonomie, ne payant d'impôts qu'à elle-même et s'exonérant, vis-à-vis de la Sardaigne, de la conscription militaire. Réunie en 1860 à la France, elle est aujourd'hui un chef-lieu de canton du département des Alpes-Maritimes, et on assure qu'ainsi que Roquebrune, elle est dévouée à sa nouvelle patrie.

Comme à Marseille, comme à Hyères, comme à Nice, il existe à Menton deux villes bien distinctes : la ville nouvelle, fondée par la colonie étrangère, qui s'étend sur le littoral, et la vieille ville des Mentonais, la ville de la vie de chaque jour et de toute l'année. Cette dernière, où jamais une voiture n'a pénétré et ne pourrait pénétrer, présente une multitude de ruelles étroites, escarpées, tortueuses, encaissées et sombres, coupées çà et là, et selon les accidents de terrain, par des escaliers raides et dégradés. Mais on se repose de cette pénible ascension en arrivant sur le sommet. Là, c'est la mer, le soleil et l'espace immense jusqu'à l'horizon !

Le climat de Menton est encore plus doux que celui de Cannes, mais la végétation y est à peu près semblable. Dans la campagne, ce sont les citronniers, les orangers, les arbres exotiques et les plantes grasses ; plus haut, s'élèvent les oliviers, et dans les contreforts des Alpes ce sont les chênes-liéges et les pins.

M. Bonnet de Malherbe a constaté que, là, le thermomètre descendait rarement au-dessous de zéro. Ce phénomène ne s'est présenté que trois fois en l'espace de vingt-sept ans, pendant quelques heures à peine, et en certaines années on a observé qu'il ne descendait pas au-dessous de 8 degrés. Les brises constantes qui, en été, soufflent, le jour, de la mer, et la nuit, de la terre, rafraîchissent la température, et la chaleur dépasse rarement 30 degrés. D'après les observations faites par le naturaliste de Bréa — durant une période de dix années — on constate à Menton quatre-vingts jours de pluie, soixante et onze jours de temps couvert et deux cent quatorze jours d'azur et de soleil. Ici on n'a plus à redouter l'inconstance des vents et les retours de froid subit.

Les artères principales de Menton sont l'avenue Victor-Emmanuel, un dôme de verdure ; la rue Saint-Michel, dallée à la lombarde ; le quai Bonaparte et le quai de Garavan. Dans la ville nouvelle, deux édifices seulement peuvent, avec un peu de bonne volonté, être désignés à l'attention comme monuments : le *Cercle philharmonique*, situé dans la rue Sainte-Honorine, bordée d'arcades, et l'*Hôtel de ville*, qui s'élève sur la place Nationale. Cette place est ornée d'une fontaine avec une colonne surmontée d'un buste en marbre de la République. L'hôtel de ville renferme une bibliothèque publique et un musée d'histoire naturelle et d'archéologie.

Dans le voisinage, une ruelle porte le nom de rue Bréa, et sur la maison où naquit l'infortuné général mentonais on lit cette inscription :

AU GÉNÉRAL BRÉA
NÉ A MENTON LE 25 AVRIL 1790
MORT A PARIS LE 24 JUIN 1848
POUR LA DÉFENSE DE L'ORDRE ET DE LA PATRIE

Mais qui désire connaître la véritable Menton, doit se risquer dans la ruelle étroite que l'on nomme la *rue Longue*, qui traverse l'amphithéâtre de la vieille ville ; une vraie rue mauresque où, sur des dalles mal jointes, sur des escaliers oscillants, l'âne seul, intelligent animal, a le privilège de se tenir en équilibre.

A mi-côte, un carrefour, formant terrasse, repose un peu de l'ascension. Sur ce carrefour s'élève l'église paroissiale de *Saint-Michel*,

La rue Longue à Menton.

qui date du quatorzième siècle. Elle n'appartient à aucune architecture, mais elle est pittoresquement surmontée d'un campanile à trois étages, terminé par un dôme entouré de clochetons. L'intérieur se compose de trois nefs, et la statue de Saint-Michel foudroyant le dragon, domine le maître-autel.

A quelques pas, et sur une terrasse supérieure, on entre dans l'église de l'*Immaculée-Conception*, dont la façade est décorée de trois statues. Au sommet de la vieille ville, on rencontre les ruines d'un château fort construit par Jean II, sur les fondements d'une forteresse sarrasine. Le cimetière actuel est enclavé dans ces ruines... débris des choses et débris humains.

A l'entrée du cimetière s'ouvre le boulevard de Garavan qui, en contre-bas de la voie ferrée, suit les flancs de la montagne et aboutit au pont Saint-Louis, limite de la France et de l'Italie.

La culture des citronniers est la principale industrie des habitants de Menton, et l'exportation de ces fruits représente, dans la plus forte proportion, la richesse du pays. Aussi, de même que tous les bons méridionaux sont fiers de leur soleil, de même tout bon Mentonais est fier de ses citrons, et, à ce sujet, il ajoutera modestement que sa ville est tout simplement le paradis terrestre. Voici la preuve qu'il en donne :

Lorsque Adam et Ève — la preuve n'est pas moderne — furent chassés du paradis, Ève, trompant la surveillance de l'archange à l'épée flamboyante, s'empara d'un magnifique citron, se promettant de le donner au pays qui lui rappellerait le plus celui qu'elle venait de quitter. Après avoir erré longtemps, ils arrivèrent un jour dans une contrée si pleine de lumière et de parfum que notre première mère crut revoir son paradis perdu. Elle n'y résista pas, et lançant le fruit sur le sol, elle s'écria : « Va ! cette rive est digne de toi ! » Or, cette rive était celle de Menton ! Il paraît que le fruit divin a bien profité en effet, puisque le territoire en produit environ quarante millions par an !

Grâce à l'égalité et à la douceur du climat, les citronniers, pendant toute l'année, portent des fleurs, et des fruits à divers degrés de maturité.

Menton, en cultivant également les *verdami* ou citrons d'été, seule espèce qui peut supporter les voyages de long cours, s'assure une supériorité marquée sur la Sicile et tous les autres pays producteurs.

La récolte a lieu du 1er janvier au 31 décembre, et à mesure que les fruits sont cueillis, les femmes les descendent au port dans de grandes corbeilles qu'elles portent sur la tête. Sur le port a lieu le triage, et tous les citrons qui ne sont pas assez intacts pour supporter une longue traversée, sont sévèrement rejetés et vendus sur le lieu même.

La récolte des oranges est beaucoup moins importante que celle des citrons. D'abord, il ne s'en fait qu'une seule récolte par an, de janvier à février, et elle ne comporte pas plus de quinze cent mille à deux millions de fruits. Il faut dire aussi que les oranges mentonaises ne peuvent pas soutenir la comparaison avec celles qui proviennent du Portugal, des îles Baléares et de Palerme.

Les Mentonais cultivent aussi la vigne, et leur récolte atteint environ deux mille hectolitres par an; mais, ainsi que nous le disions pour Nice, cette petite quantité ne peut donner lieu à exportation et ces vins sont consommés dans le département.

Menton fabrique d'assez jolis meubles, ou objets d'art, en bois de caroubier, d'olivier ou de citronnier. Tous les étrangers qui ont séjourné dans la ville, ne la quittent pas sans emporter quelques produits de cette industrie locale.

La pêche occupe une centaine de bateaux qui rapportent, dans leurs filets, toutes les espèces de poissons que renferme la Méditerranée, et qui sont les mêmes depuis Marseille jusqu'au golfe de Gênes.

Le port qui ne se composait, il y a quelques années, que d'une simple cale de halage, d'où l'on tirait les bateaux sur le sable, a été complété par une grande jetée qui s'avance en mer sur une longueur de 500 mètres. A l'abri de cette jetée, les navires de commerce peuvent accoster en tout temps les quais de la ville. Le nombre de ces navires s'accroît chaque jour, et plus de huit cents, jaugeant quarante mille tonneaux, ont abordé à Menton l'année dernière.

Ce petit port est devenu aussi, en cas de mauvais temps, un lieu de refuge et une rade hospitalière pour les navires de passage.

CHAPITRE XXII.

DE MENTON A LA FRONTIÈRE.

Les excursions qui ont Menton pour point de départ sont : le cap Martin, les villages de Gorbio, de Sainte-Agnès, la chapelle de l'Annonciade, les rochers Rouges, le pont Saint-Louis, et, dans les montagnes, les villes de Sospel, Levens et Castellar.

On ne quitte pas non plus la dernière ville de France sans se rendre jusqu'à Ventimiglia, où les voyageurs doivent quitter le train français pour monter dans le chemin de fer italien, et où les horloges, se conformant au méridien, marquent l'heure de Rome qui avance de quarante minutes sur celle de Paris.

Le cap *Martin* est une des promenades les plus vantées dans les environs de Menton. Une forêt qui a une étendue de plusieurs centaines d'hectares, formée de pins et d'oliviers, descend jusqu'à la mer. C'est le rendez-vous des Mentonais, le dimanche, et celui des peintres et des poètes de la colonie étrangère durant toute la semaine. Mais voici qu'un des administrateurs de Monte-Carlo, M. Blondin, désireux de donner à ses hôtes cosmopolites, mis en goût par le tir aux pigeons, un terrain de chasse digne de leur adresse, a loué toute la forêt du cap Martin, l'a fait entourer d'une clôture et l'a peuplée de gibier. Renards, faisans, lièvres et lapins y ont été semés à profusion, et tous les vendredis, du 3 au 31 décembre, et du 3 au 31 janvier, des battues cynégétiques y sont organisées en l'honneur des fusils de Monte-Carlo et de Menton. On a vu quelquefois, à la suite de l'une de ces battues, cinquante pièces figurer au tableau.

Qu'on vienne nous dire, à présent, qu'il n'y a pas de gibier dans le Midi !

En traversant une charmante vallée entrecoupée de bosquets de châtaigniers, de ponts en ruines, de moulins pittoresques et de villas, on arrive au village de *Gorbio* qui renferme 500 habitants et est bâti sur une sorte de terrasse entourée de ravins. Les sommets opposés sont le mont Agel et le Garillan.

Dans ce bourg, les rues sont si étroites

qu'elles devraient prendre le nom de ruelles, et les maisons y sont reliées, les unes aux autres, par des arcades cintrées. On voit là une vieille église et les ruines d'un château des Lascaris. Cet endroit, situé sur un revers de montagne, défend par sa position toute la vallée du Paillon, et il est considéré comme un point stratégique fort important.

Le naturaliste Ardoino affirme que, dans la vallée du Gorbio, de même que dans toutes celles qui confinent à Menton, les botanistes peuvent faire de magnifiques récoltes; on y peut collectionner, dit-il, plus de mille espèces de plantes croissant spontanément, et il ajoute qu'il faudrait parcourir toute l'Irlande, ou, qui plus est, toute la Suède, pour réunir une aussi grande variété d'espèces.

Le village de *Sainte-Agnès* est enfoui au fond d'une vallée rocheuse et aride; peuplé de 550 habitants, il se confond, en quelque sorte, avec une muraille de rochers qui le dominent de cent mètres. Il se compose d'une rue principale, à l'extrémité de laquelle s'élève une chapelle rustique nommée *Notre-Dame des Neiges*. Par un sentier étroit et à pic on peut faire, en une petite demi-heure, une ascension qui conduit aux ruines d'un vieux château qui, d'après la tradition, aurait été construit au dixième siècle par un chef sarrasin du nom de Haroun, et ce chef sarrasin aurait abjuré et embrassé la religion catholique par amour pour une jeune chrétienne du pays. Le village de Sainte-Agnès et son château firent partie, dans la suite, de fiefs appartenant aux seigneurs de Ventimiglia et aux ducs de Savoie.

Une princesse de Monaco ayant été guérie, à la suite d'un vœu qu'elle avait fait, d'une maladie grave et qui pardonne rarement, fit élever, pour accomplir son vœu, une chapelle dédiée à *Notre-Dame de l'Annonciade*. On s'y rend en remontant la rive droite du Carei et on passe, avant d'atteindre le pied de la colline sur laquelle cette chapelle est bâtie, devant quinze niches qui représentent les quinze stations.

Ce sanctuaire qui, en raison de son origine, contient de nombreux ex-voto, est un lieu de pèlerinage très fréquenté, où l'on se rend en procession le 25 mars de chaque année, jour de la fête de l'Annonciation.

En côtoyant la mer, le long de la baie du Garavan, une demi-heure de promenade vous amène devant les *rochers Rouges*, gigantesques blocs calcaires qui empruntent leur nom à la vive coloration dont ils sont teintés. Sur leurs sommets est placée la douane italienne, et dans leurs flancs s'ouvrent les grottes ou cavernes qui, jadis, étaient au nombre de cinq. Le naturaliste de Saussure, dans ses *Voyages dans les Alpes*, avait signalé ces grottes à l'attention des savants désireux de retrouver quelque vestige de l'époque paléolithique.

Sur cette indication, M. Bonfils, observateur patient et érudit, avait commencé des fouilles et avait déjà trouvé plusieurs coquilles percées et certains débris d'espèces disparues, quand il fut rejoint par un autre savant, M. Rivière, qui voulut s'associer à ses travaux. Le 26 mars 1872, M. Rivière découvrit, dans la grotte de Cavaillon, à 6 mètres au-dessous des premières fouilles, les ossements d'un pied appartenant à un squelette humain. Huit jours après, ce squelette était dégagé tout entier, et, sous son vitrage, tout le monde peut le voir aujourd'hui dans une salle du Muséum d'histoire naturelle, à Paris. Ce troglodyte, dont la taille atteint près de 6 pieds, est un squelette d'homme préhistorique, contemporain des

Pont Saint-Louis.

grands mammifères, aujourd'hui disparus du globe, tels que les mastodontes et les mammouths.

Quatorze ans après cette première découverte, M. Bonfils, qui ne s'était pas lassé de chercher, découvrit, à son tour, dans une grotte voisine, l'ossature complète d'un second squelette qui mesurait 3 centimètres de plus que son prédécesseur. Comme le premier, il se reposait, les jambes repliées, avec ses armes faites de pointes de flèche ou d'hameçons, de silex ou d'os taillés, et dont aucune n'appartenait encore à l'époque de la pierre polie. Ces derniers débris font partie du musée de Menton.

Une visite au pont *Saint-Louis* s'impose à tous les voyageurs, qui s'arrêtent, étonnés, devant la hardiesse de sa structure : une arche de 22 mètres d'ouverture sur un précipice de 65 mètres de profondeur! Ce pont, qui fut construit en 1806, par l'ordre de Napoléon Ier, sépare la France de l'Italie. Une borne frontière, placée devant, porte cette inscription sur une face :

FRANCE, 1861.

Et sur l'autre :

ITALIE.

De nombreuses villas qui, pour être moins luxueuses que celles de Cannes et de Nice, n'en sont pas moins riches et élégantes, sont disséminées ou s'étagent dans tout le voisinage de Menton.

On signale principalement à l'attention des étrangers la villa *des Rosiers*, propriété de M. Humphrey, qui fut, en 1881-1882, la résidence de la reine Victoria d'Angleterre ; le castel *Partouneaux* et le jardin *Bennet*.

Sospel est une ville de 3058 habitants (population agglomérée : 3920 habitants), qui est située au pied du col de Braous, sur la Bévère. Une tradition donne pour fondateur à Sospel un compagnon d'Hercule nommé Braus. Ce qui est plus authentique, c'est que cette cité existait déjà à l'époque de la domination romaine, sous le nom d'*Hospitellum*, qu'elle dut à sa situation, et parce qu'elle formait une sorte de lieu de refuge, d'abri, au pied du col.

En 859, à l'époque de l'invasion sarrasine en Provence, les infidèles s'en emparèrent et la livrèrent aux flammes. Plus tard, elle réussit, comme Grasse et quelques autres centres de population, à conquérir des privilèges spéciaux, et, comme terre de franc-alleu, conserva un instant son indépendance sous un gouvernement local; mais elle ne tarda pas à devenir la proie successive des guelfes et des gibelins, des Lascaris et des Grimaldi.

Au treizième siècle, Sospel servit de refuge aux Albigeois, pourchassés jusqu'au pied des montagnes par Simon de Montfort. Les malheureux n'y trouvèrent pas l'asile qu'ils avaient espéré : en 1471, un grand nombre d'entre eux furent brûlés en pompe solennelle sur la place principale de la ville. Les guerres qui, au seizième siècle, naquirent de la rivalité de François Ier et de Charles-Quint, et, au dix-septième siècle, de l'ambition de Louis XIV, amenèrent pour Sospel une longue série de désastres. La ville eut surtout à souffrir du voisinage des Provençaux. Elle en tira des représailles éclatantes en attaquant par surprise le village de Saint-Laurent du Var, dont la population fut complètement tuée ou dispersée et les habitations saccagées.

On désigna longtemps Sospel sous le singulier titre de : *Comtesse de Castillon et de Moulinet.* Le 14 février 1793, les Français y battirent les Piémontais et s'en emparèrent. En 1860, cette ville fut réunie à la France en même temps que le comté de Nice. Sospel possède encore quelques restes de fortifications, un vieux pont à deux arches, en plein cintre, que domine, au milieu, une tour pittoresque et une église placée sous le vocable de *saint Michel* et dont le vaisseau est supporté par une double rangée de colonnes d'une seule pièce. On remarque encore, dans la direction du sud de la ville, les ruines d'un ancien couvent abandonné depuis longtemps.

Les touristes qui viennent voir Sospel visitent généralement aussi le col pittoresque de Castillon et la vallée de Moulinet, immense amas de pierres voisin de Lantosque.

Levens est un bourg de 1 700 habitants, situé sur une hauteur qui domine le confluent du Var et de la Vésubie. On s'y rend pour visiter un ancien aqueduc et les ruines d'un château qui fut démoli au commencement du dix-septième siècle. Ce bourg était jadis entouré de fortifications dont on ne peut plus constater que quelques arceaux et quelques pans de murs. Sur la place publique s'élève une inscription commémorative qui rappelle que les habitants de Levens ont secoué le joug d'un prince de la famille Grimaldi qui s'était rendu odieux par sa tyrannie.

Castellar, bourg de 750 habitants, a conservé la physionomie féodale et guerrière de son nom : *Castellum* (château fort). Il est situé, en effet, avec la forme d'une forteresse quadrilatérale, sur un plateau qui commande à la fois deux vallées, et de 390 mètres de hauteur. Là, point de maisons proprement dites, mais plutôt de véritables bastions, les façades n'étant autre chose qu'une muraille de défense percée de-ci et de-là par des meurtrières. Des tourelles aux angles, des fossés profonds, creusés devant les murs, et trois portes solidement embastionnées complétaient le système de défense de ce vrai repaire des Lascaris. A l'intérieur de ce bourg, les habitations, noircies et délabrées, sont disposées sur trois rangs le long de deux rues parallèles qui sont reliées ensemble par de sombres voûtes.

Que de drames ont dû se passer dans ces murs si, comme on nous l'a assuré, les mœurs des habitants de Castellar étaient jadis en rapport avec l'aspect de leur demeure. Dans la contrée, en effet, ce village était réputé comme un véritable repaire de bandits. Ce qui est certain, c'est qu'un peintre qui aurait à reproduire au théâtre un décor de ce genre trouverait difficilement un modèle plus vrai, plus dramatique et plus saisissant.

Il est écrit quelque part, dans l'histoire de Moréri, qu'un Louis de Lascaris, qui s'était fait ordonner prêtre, s'enfuit du cloître un beau matin pour épouser une femme dont il s'était épris et que, mis à la tête d'une armée par Jeanne de Naples, il se conduisit en héros et chassa les Anglais du comté de Provence. Ce Louis de Lascaris avait pour résidence principale le palais seigneurial de Castellar, où l'on retrouve encore des traces de splendeur et des grisailles du peintre Carlone, qui ont été à moitié effacées par les ravages du temps. L'église, qui a été plusieurs fois restaurée et dont le clocher, peint en rose, servait de donjon aux remparts, s'élève sur la seule place du village, à côté d'une fontaine.

En montant au *Vieux-Castellar,* silhouette étrange d'un village disparu depuis quatre siècles, on se trouve sur une plate-forme qui domine la mer à 390 mètres d'altitude et offre un panorama admirable. Cette plate-forme est ombragée par un vieil orme, plus âgé que le bi-centenaire de Gorbio, puisqu'on assure qu'il est plusieurs fois séculaire. La fête patronale de saint Sébastien, dont la chapelle est située à cinq minutes de là, se termine le 20 janvier de chaque année par un bal champêtre qui a lieu sur cette terrasse.

Nous avons dit précédemment que, lorsque l'on s'était rendu à Menton, la dernière ville méridionale de la France, on ne regardait pas à dix minutes de chemin de fer pour aller donner un coup d'œil à Ventimiglia, la première ville de l'Italie. En outre du légitime orgueil que l'on éprouve à fouler un sol étranger, quelle satisfaction de pouvoir dire au retour à ses parents, à ses amis : « Nous avons vu l'Italie ! » Satisfaction que l'on a pu se donner en ne dépassant guère Menton.

On raconte alors que Ventimiglia est bâtie sur une sorte de terrasse baignée par la mer ; que, du côté de la France, elle est défendue par une haute muraille entourée de fossés et par une forteresse garnie de canons, qui s'élève sur la colline... Tout cela est vrai, mais ce qui est encore vrai, c'est que la première ville de l'Italie ne diffère pas beaucoup de la dernière ville de France. L'aspect que présentent les avenues, les maisons et les rues, est le même que celui des cités méridionales que l'on vient de traverser. Les enseignes seules, qui, les premières, frappent les regards et sont rédigées en italien : *Albergo di Firenze,* auberge de Florence, *Albergo di Torino*, auberge de Turin, *Osteria, vino nevo...* vous font apercevoir que vous n'êtes pas chez vous. Toutefois, Ventimiglia est une fort jolie ville, très peuplée, et qui mérite qu'on passe la frontière pour la venir voir.

La Roya, le cours d'eau le plus considérable de tous ceux qui se jettent dans le golfe de Gênes, et que l'on traverse sur un fort beau pont à plusieurs arcades, roule ses flots rapides et tumultueux, et rappelle beaucoup les grands torrents que l'on rencontre à chaque pas, en Savoie, sur le parcours du mont Cenis à Aix-les-Bains.

Le *palazzo Orengo*, appartenant à sir Thomas Hanbury, est une merveille d'élégance architecturale et de végétation. Mais la grande curiosité est de constater *de visu* la présence de l'olivier-fontaine dont, au départ, on a eu bien soin de vous recommander la visite. En effet, à l'entrée du palais Orengo et sur la route, s'élève un vieil olivier ; en appuyant à certain endroit sur son écorce, soudain un jet d'eau de source en jaillit et peut être recueilli dans une timbale d'étain suspendue à l'une des branches de l'arbre.

La vallée de la Nervia et la *tour d'Appio* sont encore deux buts d'excursions recommandés aux touristes.

Nous devons nous arrêter ici. *Les Étapes d'un touriste en France* ne doivent pas dépasser la frontière, et si nous avons été jusqu'à Ventimiglia, c'est par excès de curiosité et en faisant l'école buissonnière.

CHAPITRE XXIII.

LA FLORE, LES ARBRES ET LES FRUITS.

Pour procéder avec méthode dans l'énumération de la végétation provençale, il faut distinguer la flore forestière de la flore exotique ou de luxe. La première, fille de la nature et du climat, s'étale aux yeux de tous et pour tous dans les vallées et dans les forêts ; la seconde, qui n'est obtenue que par une culture laborieuse, progressive et raisonnée, fait l'ornement des parcs, des terrasses et des jardins.

Dans la première catégorie, on rencontre à chaque pas le thym, le romarin, la violette, les bruyères blanches et roses, les jacinthes, la jonquille, la lavande, l'aspic, le serpolet, la mélisse, l'hysope, le fenouil, l'absinthe, le basilic, l'ambroisie, etc., etc.

Il faut placer dans la seconde catégorie toutes les variétés de roses, les camélias, les anémones, les jasmins, les tubéreuses, les glycines, les daturas, les cassies aux petites boules dorées et odorantes, les lis, les tulipes et toutes les espèces de plantes grasses, parmi lesquelles les aloès et les cactus sont les plus communs.

Dans la flore forestière, les buissons et les arbustes sont représentés par l'aubépine, les lauriers ordinaires, les rosiers de Bengale, les lauriers-roses, les arbousiers, les cistes, les genévriers, les figuiers sauvages, les houx et les chèvrefeuilles.

Dans la flore de luxe, on n'a vraiment que l'embarras du choix. Voici le grenadier, l'oranger, les câpriers, qui sont littéralement chargés de fleurs semblables à de grandes croix de Malte blanches et qui exhalent une odeur délicieuse; les mimosas, qui se sont admirablement acclimatés sur la partie du territoire qui s'étend de Fréjus à Antibes; quinze variétés de genêts, parmi lesquelles figure le genêt d'Espagne; puis viennent encore les lentisques, les térébinthes, les passiflores, le laurier des poètes, les bambous noirs, les cordylines, l'arundo donax, etc., etc.

L'énumération de toutes ces espèces nous entraînerait trop loin et deviendrait une fatigue pour le lecteur ; aussi nous contenterons-nous d'indiquer aux amateurs de fleurs exotiques les deux livres que notre maître et ami Alphonse Karr a laissés sur ce sujet, et qui sont aussi complets que possible : *les Fleurs* et *le Credo du jardinier.*

Les essences forestières sont peu variées. Les pins, les chênes verts et les chênes-lièges couvrent les montagnes et les vallées. A ces arbres, il faut ajouter aujourd'hui l'eucalyptus, qui, ainsi que nous l'avons dit au commencement de ce livre, a pris, dans ces parages, un merveilleux développement. Originaire de l'Australie, il fut découvert en 1792, par le botaniste La Billardière. Des graines furent apportées d'Australie en Europe vers 1860, et, à titre d'essai, semées en terre d'Afrique et de Provence. Ces semis ont prospéré au delà de toute espérance.

La zone littorale de l'Algérie et celle qui s'étend de Fréjus à Monaco sont couvertes d'eucalyptus. Cet arbre, aux feuilles résineuses, d'un vert bleuâtre, et taillées en faux, a dépassé en hauteur toute la grande futaie de la contrée. Il est, en effet, remarquable par son extrême rapidité de croissance : il n'est pas rare de le voir grandir de 6 mètres par saison,

L'eucalyptus a encore une autre propriété qui a bien son mérite : il est essentiellement fébrifuge. Des plantations d'eucalyptus ont fait disparaître, en moins de trois ans, les fièvres paludéennes qui existaient dans quelques parties de la zone littorale de l'Algérie et, dans ce but, on cherche à l'acclimater dans la campagne de Rome.

On voit quelle variété de services ce géant de l'Australie est appelé à rendre, soit dans nos colonies, soit dans nos provinces méridionales, et nul doute qu'avant un temps peu éloigné il ne devienne pour les sylviculteurs une nouvelle source de revenus, et pour les populations un élément de santé, de bien-être et d'agrément.

Ce serait une erreur de croire que la Provence ne produit pas toutes les espèces de fruits de notre pays. Elles y sont toutes représentées, surtout dans les montagnes, et quelques-unes avec avantage. Les fraises, les pommes, les figues, les pêches y sont excellentes. Les figues du Midi seraient une nouveauté pour ceux qui n'ont mangé que celles des environs de Paris; les pêches jaunes et dures y sont délicieuses, et les pêches molles, dans certains endroits, peuvent rivaliser avec celles de Montreuil.

Mais, en outre des fruits que nous connaissons, on rencontre là-bas les jujubes, les figues de Barbarie, les sorbes, les nèfles, qui ne sont pas de la même espèce que les nôtres, les pastèques et les azeroles, sortes de petites pommes d'api qui sont très recherchées. On trouve aussi, dans une certaine variété de pommes de pins, de petites amandes appelées *pignons*, et qui entrent dans la confection de presque tous les gâteaux. On emploie les pignons de préférence aux amandes proprement dites, en raison de leur salutaire influence dans toutes les affections de la poitrine.

CHAPITRE XXIV.

LA PÊCHE ET LA CHASSE.

Sur six cent quarante-trois espèces de poissons connues, la Méditerranée en compte, dit-on, quatre cent quarante-quatre, et parmi celles-ci le thon est le plus commun.

Le thon est un poisson de passage qui se montre aux mêmes époques que la sardine, dont il est très friand et qu'il poursuit. Sa longueur moyenne est de 2 mètres, mais il n'est pas rare d'en voir de 3 et 4 mètres. Sa grosseur et son poids sont nécessairement en proportion de sa longueur, et on en a pêché quelques-uns qui pesaient plus de 80 kilogrammes. Ce poisson est d'une couleur noir azuré; le ventre et la partie inférieure des flancs sont argentés; les dorsales sont quelquefois jaunes ou rouges. Tout le monde a mangé du thon mariné et chacun sait quels services la chair de ce poisson, serrée et nutritive, peut rendre à l'alimentation.

Marseille et Cadix expédient le thon mariné dans le monde entier.

En outre des thons, les pêches régulières et lucratives du littoral méditerranéen sont celles des bogues, des sardines et des anchois.

La description de ces pêches professionnelles serait sans intérêt pour le touriste ; aussi ne nous occuperons-nous que de celles auxquelles peuvent se livrer les étrangers, et qui sont une des grandes distractions des habitants du littoral.

Les pêches dont nous voulons parler se font soit à terre, dans le port et sur les rochers qui bordent la côte ; soit en bateau, dans les golfes, les rades, mais toujours en vue des côtes.

La pêche en bateau, quand on a le cœur solide, est de beaucoup la plus amusante et la plus fructueuse. Elle se fait, soit à la canne pour les endroits peu profonds, soit au *boulantin* dans les grands fonds d'eau. Le boulantin est une ligne de fond composée de plusieurs brasses de corde rouie ou de crins solidement tressés, qui se terminent par un plomb en forme de cône, au-dessus duquel sont attachés deux hameçons montés sur de fortes racines. Quand on a choisi l'endroit où l'on veut pêcher — et il faut donner la préférence à un fond de rochers — on arrête le bateau et l'on mouille en faisant descendre, au bout d'une corde, un pavé qui doit maintenir le bateau à la même place.

Puis, on commence à pêcher en faisant descendre le plomb de la ligne au fond de l'eau. Tout à coup, on ressent dans le bras une vibration qui ressemble à une anodine secousse électrique. La secousse est d'autant plus forte ou plus sourde que le poisson qui vient de mordre est plus gros. Cette sensation est très curieuse et des plus attrayantes.

On capture ainsi des rouquiers, des sards, des mustèles, des sarrans, des torderots, des serres, des girelles, etc., etc. Alphonse Karr a écrit sur ce sujet une phrase qu'il se plaisait souvent à répéter : « Ces poissons sont si jolis, qu'on les prendrait rien que pour les voir. »

Et c'est l'exacte vérité. Mais il faut les voir tout imprégnés de l'eau de mer qui donne un brillant vernis à leurs dessins et à leurs couleurs.

De toutes ces espèces, les girelles sont peut-être les plus remarquables. Les unes sont d'une couleur violette, relevée de chaque côté de l'épine dorsale par une bande orangée et découpée en losanges; d'autres, d'une nuance écarlate, avec une tache noire à l'opercule, ont une double bande dorée le long des flancs.

Il est d'usage, je le sais, de tourner en ridicule le pêcheur à la ligne, et je ne réfuterai autrement ce préjugé qu'en affirmant que cette pêche est une des plus charmantes distractions de la Méditerranée.

En ce qui concerne la chasse, il n'y a vraiment à compter, dans la région du littoral, que sur les oiseaux de passage, et du mois de novembre au mois de mars.

Dans tous les marais qui avoisinent les cours d'eau, on rencontre, l'hiver, la bécassine, le râle, la poule d'eau, la sarcelle, le canard, et quelquefois l'oie sauvage.

La perdrix rouge se montre assez souvent dans l'Estérel, et sa chair est délicieuse. Quant au lapin, il y est très commun.

A Saint-Raphaël, les battues au sanglier, dans l'Estérel, sont assez fréquentes. Depuis l'ouverture du chemin de fer du littoral, on chasse aussi le sanglier dans les montagnes des Maures. Ces battues, qui ont lieu de décembre à avril, sont organisées par le Cercle des chasses et des régates, et tous les disciples de saint Hubert appartenant à la colonie étrangère y sont conviés.

UN VŒU HUMANITAIRE.

Nous terminerons cette étude en nous associant au vœu tout humanitaire exprimé par Charles Lenthéric.

Reprenant l'idée que la vue du cap d'Antibes avait suggérée à de Villemessant, qui fit construire la villa Soleil pour qu'elle devînt, un jour, l'asile des hommes de lettres, des artistes malades ou valétudinaires, Charles Lenthéric, appréciant aussi les côtes méditerranéennes comme une sorte d'agent thérapeutique naturel, regrette que les privilégiés de la fortune puissent, seuls, profiter de ce climat réparateur, et que son bienfaisant soleil ne luise pas pour tout le monde.

« La création de vastes établissements publics : hospices, colonies sanitaires, maisons d'écoles, permettrait, certainement, dit-il, d'atteindre ce but.

« L'avenir verra-t-il réaliser ce programme? Cette grande œuvre réparatrice et humanitaire est-elle pratique ? Est-elle prochaine ? Il est peut-être prématuré de le croire. Tout au moins est-il permis de l'espérer. »

Or, voici que la bienfaisance privée a déjà répondu au vœu de l'érudit écrivain.

L'*Œuvre des Enfants tuberculeux*, dont le dispensaire est situé à Paris, rue de Miromesnil, et qui possède déjà un hôpital en pleine campagne, à Ormesson, vient, nous assure-t-on, d'acquérir un terrain à Valescure, près de Saint-Raphaël.

Cette œuvre, fondée et dirigée par des sommités médicales : MM. Hérard, Villemin, Grancher, Blache, Guéneau de Mussy, Léon Labbé, Dujardin-Beaumetz, Léon-Petit et Cadet de Gassicourt, est donc à la veille de fonder, sur le littoral de la Méditerranée, sous ce climat jusqu'alors réservé aux malades favorisés de la fortune, un *sanatorium* dans lequel les convalescents, sortis d'Ormesson, iront achever de rétablir leur santé au soleil vivifiant du Midi.

Mais une tentative privée, si recommandable qu'elle soit, ne suffit pas.

Le gouvernement libéral qui nous régit a prouvé assez souvent déjà qu'il prenait souci des souffrances et des misères des classes laborieuses, pour ne pas tenir à honneur de fonder, sur les côtes de Provence, et pour les prolétaires, des asiles semblables à ceux qui existent dans le Nord.

Le jour où ces asiles seront élevés et entretenus aux frais de l'État, ce jour-là, seulement, le beau soleil du Midi deviendra une vérité, puisqu'il luira pour tout le monde.

INDEX ALPHABÉTIQUE

A

Accoules (Calvaire des), 14.
Adrets (Auberge des), 177.
Agay, 196.
Agel (Mont), 315.
Alban (Mont), 295.
Alpes (Petites), 67.
Anglais (Promenade des), 271.
Antibes, 248.
Antoine (Chapelle Saint-), 246.
Arcs (Les), 130.
Argens (L'), 181.
Astros (Château d'), 127.
Aubagne, 67.
Avignon, 6.
Aygalades (Vallée des), 63.
Aygulf (Saint-), 181.

B

Bandol, 76.
Baume-Loubière, 64.
Baume de Marie-Madeleine, 67.
Baume-Rolland, 64.
Beaulieu, 309.
Bec de l'Aigle, 75.
Berre (Étang de), 7.
Bertaud (Pin de), 181.
Blancarde (La), 69.
Borély (Château), 52.
Bormes, 136.
Boulouris, 169, 195.
Bravades (Les), 186.
Brignoles, 123.

C

Cagnes, 255.
Californie (Promenade de la), 246.
Camarat (Cap), 190.
Camp-Major, 69.
Cannes, 200.
Cannet (Le), 220.
Cannet-du-Luc (Le), 126.
Carnoules, 122.
Caronte (Lagune de), 7.
Carqueyranne, 135.
Cassis, 70.
Castellar, 373.
Cau (Mont), 300.
Cavalaire, 139.
Châteauneuf, 299.
Cimiès, 296.
Ciotat (La), 72.
Cogolin, 140.
Condamine (La), 337.
Corniche (Chemin de la), 55.
Corniche (Route de la), 303.
Coste (Vallon de), 174.
Costebelle (Vallon de), 119.
Coudon (Le), 111.
Croisette (Boulevard de la), 210.
Croix (Église de la), 274.
Croix des Gardes (La), 206.
Cuers, 122.
Cujes (Bois de), 79.

INDEX ALPHABÉTIQUE.

D

Draguignan, 127.
Dramont (Le), 171.
Durance (Canal de la), 11.

E

Éguillette (Fort de l'), 99.
Ermitage (L'), 63.
Estaque (L'), 5, 69.
Estérel (L'), 76.
Eza, 312.

F

Falicon, 299.
Farlède (La), 122.
Faron (Le), 111.
Fenouillet (Porte), 117.
Ferrat (Cap), 311.
Foux (La), 243.
Fréjus, 142.

G

Garavan, 367.
Garde (La), 121.
Garibaldi (Place), 273.
Garillan (Mont), 364.
Garoupe (Cap de la), 248.
Gassin, 140.
Gien (Golfe de), 111.
Gonfaron, 126.
Gorbio, 364.
Grand-Pin (Plateau du), 246.
Grasse, 235.
Grès de Sainte-Anne (Les), 92.
Grimaud (Golfe), 181.
Grizzly (Le), 116.

H

Hespérides (Jardin des), 210.
Hyères, 111.

I

If (Château d'), 62.
Immaculée-Conception (Eglise de l'), 359.
Issambres (Cap des), 180.

J

Jardin d'Hyères (Le), 115.
Joliette (Port de la), 27.
Juan (Golfe), 245.
Juan-les-Pins, 246.

L

Lauriers-roses (Vallée des), 174.
Lavandou (Le), 136.
Lérins (Iles de), 222.
Levant (Ile du), 120.
Levens, 372.
Liberté (Allées de la), 207.
Lion de mer, 161.
Lion de terre, 161.
Longchamp (Palais de), 10, 31.
Londe (La), 136.
Lorgues, 129.
Luc (Le), 126.

M

Major (Église de la), 46.
Malpey (Mont),
Marseille, 17.
Martin (Cap), 363.
Maures (Montagnes des), 111.
Menton, 349.
Miséricorde (Église de la), 274.
Monaco, 319.
Monte-Carlo, 338.
Mouans-Sartoux, 244.
Muy (Le), 131.

N

Napoule (La), 176, 199.
Nice, 258.
Notre-Dame de la Garde, 12, 42.
Notre-Dame de Laghet (Eglise), 318.
Notre-Dame de l'Annonciade (Eglise), 369.

INDEX ALPHABÉTIQUE.

Notre-Dame des Anges, 126.
Notre-Dame d'Espérance (Eglise), 219.
Notre-Dame de Nice (Eglise), 273.
Notre-Dame du Mont-Carmel (Eglise), 45.
Notre-Dame des Salettes (Eglise), 130.

O

Ollioules (Gorges d'), 76.
Ollioules-Saint-Nazaire, 76.
Orange, 3.

P

Paix (Golfe de la), 349.
Pauline (La), 112, 121.
Pas-des-Lanciers, 69.
Pénitence (Rocher de la), 68.
Pénitents (Eglise des), 336.
Penne (La), 69.
Pertuis (Pont de), 11.
Petite-Afrique (La), 303.
Pezou (Col du), 246.
Pignans, 126.
Pomme (La), 69.
Pont-Vieux (Boulevard du), 273.
Porquerolles (Ile de), 120.
Porteros (Ile de), 120.
Puget (Le), 132.

R

Ray (Sources du), 299.
Rochers Rouges (Les), 367.
Roquebrune (Alpes-Maritimes). 344.
Roquebrune (Var), 131.
Roquefavour (Vallon de), 64.
Roquette (Chapelle de la), 131.
Roucas blanc, 56.
Roux (Cap), 178.

S

Saint-André (Grotte de), 298.
Saint-Antoine (Chapelle), 246.
Saint-Aygulf, 181.
Saint-Cannat, 47.
Saint-Cassien (Ermitage de), 178.
Saint-Chamas, 7.
Saint-Clair, 139.
Saint-Etienne (Eglise), 151.
Saint-Ferréol (Ilot de), 232.
Saint-Ferréol (Eglise de), 46.
Saint-Honorat (Ile de), 222.
Saint-Hospice (Chapelle de), 310.
Saint-Jacques (Eglise), 274.
Saint-Jean (Hameau de), 311.
Saint-Jean-Baptiste (Eglise de), 274.
Saint-Joseph (Eglise de), 47.
Saint-Louis (Eglise de), 109.
Saint-Louis (Pont), 369.
Saint-Mandrier (Jardins de), 110.
Saint-Michel (Eglise de), 372.
Saint-Michel-sous-Terre (Chapelle de), 127.
Saint-Nazaire, 76.
Saint-Pilon, 68.
Saint-Pons (Monastère de), 295.
Saint-Raphaël, 153.
Saint-Sauveur (Chapelle de), 240.
Saint-Tropez, 180.
Sainte-Agnès, 365.
Sainte-Anne (Grès de), 92.
Sainte-Baume, 67.
Sainte-Baume-d'Honorat, 177, 223.
Sainte-Dévote (Sanctuaire de), 339.
Sainte-Marguerite (Ile), 222.
Sainte-Marie-Majeure (Eglise de), 107.
Sainte-Maxime, 182.
Sainte-Philomène, 122.
Sainte-Repatade (Eglise de), 274.
Salins (Porte des), 117.
Seyne (La), 93.

Siagne (Rivière de la), 199.
Soleil (Villa), 254.
Soliès, 122.
Sospel, 370.
Suquet (Le), 219.

T

Tamaris, 75.
Théoule, 197.
Toulon, 94.
Trayas (Le), 197.
Trocadéro (Le), 50.
Turbie (La), 315.

V

Valence, 3.
Valescure, 175.
Vallauris, 217, 247.
Vence-Cagnes, 255.
Ventimiglia, 375.
Vidauban, 127.
Vienne, 3.
Villefranche, 304.
Villeneuve-Loubet, 255.
Villepey (Etang de), 181.
Vinaigre (Mont), 176.
Vinaigrier, 295.

TABLE DES MATIÈRES

		Pages.
I.	Premières impressions	1
II.	Marseille	17
III.	La banlieue et les environs de Marseille	61
IV.	De Marseille à Toulon	70
V.	Toulon	94
VI.	Hyères	111
VII.	De Toulon à Hyères	121
VIII.	Fréjus	142
IX.	Saint-Raphaël	153
X.	Saint-Tropez	180
XI.	De Saint-Raphaël à Cannes	195
XII.	Cannes	200
XIII.	Les îles de Lérins	222
XIV.	Grasse	235
XV.	Le golfe Juan et Vallauris	245
XVI.	Antibes	284
XVII.	Nice	258
XVIII.	Environs de Nice	293
XIX.	De Nice à Monaco	302
XX.	Monaco et Monte-Carlo	319
XXI.	Menton	349

XXII. De Menton à la frontière	363
XXIII. La flore, les arbres et les fruits	378
XXIV. La pêche et la chasse	383
Un vœu humanitaire	388
Index alphabétique	391

CARTES ET VUES PANORAMIQUES.

Carte de Marseille à Fréjus	17
Carte de Fréjus à Menton	153
Vue panoramique du port de Marseille	27
Vue panoramique de la rade de Toulon	101

PARIS. — TYPOGRAPHIE A. HENNUYER, RUE DARCET, 7.

www.ingramcontent.com/pod-product-compliance
Lightning Source LLC
Chambersburg PA
CBHW052039230426
43671CB00011B/1708